U0854986

“中国与全球政治经济丛书”编委会名单

主编：白云真

编委会成员（按姓氏笔画排序）

王文　王逸舟　方长平　乔纳森·科什纳（Jonathan Kirshner）孙学峰

苏长和　肖恩·布雷斯林（Shawn Breslin）　阿米塔·阿查亚（Amitav Acharya）

陈迎　陈家刚　袁正清　高尚涛　郭树勇　臧秀玲　谭小芬

本书获得广西大学中国-东盟研究院课题

“2015年后发展议程与中国—东盟发展合作研究”的资助。

中国与全球政治经济丛书

DEVELOPMENT COOPERATION

Challenges of the
New Aid Architecture

发展合作

援助新体系的挑战

(Stephan Klingebiel)
[德] 斯特凡·克林格比尔◎著
白云真◎译

上海人民出版社

丛书总序
解释与理解中国全球角色

在21世纪，中国更加奋发有为地参与全球政治经济新秩序建设，以独特的中国智慧和中国方案更加成熟与理性、负责任与建设性地参与构建全球治理新体系，以互利共赢的合作精神和正确的义利观在全球政治、贸易、金融、发展、安全、环境等领域扮演着迥然不同的政治、经济、知识与道德领导新角色，为更加平等与均衡的全球伙伴关系的发展提供更多的公共产品。

然而中国在全球政治经济中也面临着身份认同、议题设置和战略心态等方面的困惑与挑战。如王逸舟教授所言："中国的全球政治角色（包括对整个人类的政治哲学引导符号）显然不太明晰，它的全球安全目标和策略也不太系统连贯，其对于全球社会和文化领域的作用杠杆更是乏善可陈。"尤其是在当下全球秩序剧变与动荡的时期，中国需要以讲信修睦、协和万邦的胸怀有效地提升全球政治经济治理能力，以解决区域体系、全球体系层面上的需求，从而使中国的全球角色具有更为广泛的社会与政治基础。

本丛书将加强对中国在上述诸多领域中全球新角色的理解与认识，推动中国和平发展与"一带一路"倡议的理论研究与政策实践，服务于国内与国际两个大局的战略统筹与知识建构，尤其是中国特色大国外交。此为策划与出版"中国与全球政治经济丛书"的主旨，即"明时势，长志气，扩见闻，增才智"（张之洞语）。

第一,以政治经济学与中国文化精神的视角解读中国全球角色的新变化,以广泛的理论视野与知识架构较为系统地诠释中国在全球政治经济新秩序及其变革中的定位、角色、战略与政策,而并不是完全停留在对策分析之上,反而更加倚重深刻的理论洞见与厚重的思想维度。

第二,关注欧、美、日及新兴大国在全球政治经济新秩序建设中的定位、谋略及国外学者对中国全球战略及影响的学理分析,既为中国决策者与研究者提供一个更为宏观的政策与知识背景,又为他们提供学习和比照的参照系。

第三,提升中国学者在中国全球角色相关领域的理论分析、对策建议及其在学术话语方面的地位与影响,展现当代中国中青年学者对于上述诸多领域的中国责任、中国角色,乃至中国智慧与方案的解读与剖析,为中国参与全球事务提供必要的智力支撑。

本丛书坚持“中西会通”的原则,秉承兼容并蓄、求真求义的精神,力求真知、真识。“虽有智慧,不如乘势;虽有镃基,不如待时”(郑观应语)。因而我们期待中国在全球政治经济中因时、因势而动,其命维斯,深思谋远,取长补短,刚柔相济,达道达德,也期待给予读者以启示与思索,识微于未著,见机于将蒙,审时度势,揣其本末,洞见本原。

本丛书是中央财经大学国际政治系与上海人民出版社良好伙伴关系建设的有益尝试,因而衷心地感谢中央财经大学与上海人民出版社领导以及学界师长与学友的关心与支持。敬始慎终,期待与同仁志士共同办好这套丛书,为中国崛起与学术振兴贡献一己之力。

以此为序。

白云真

译者序
发展合作的全球趋势与中国角色

发展合作的全球图景一直处于变化之中。但是,官方发展援助仍是全球发展合作中重要的国际公共资源来源,日渐被用于区域、全球公共产品供给所需要的融资,包括传染病防治研究、犯罪控制、环境可持续性。在2030年可持续发展议程中,官方发展援助应该明确地致力于减贫,动员对可持续发展的经济、社会与环境方面的投资,使发展中国家的极端贫困者受益。发展合作日益超越官方发展援助,与非优惠性贷款、直接投资和政府支出等方式联系在一起。“正如在援助被有效利用的韩国、中国、越南和印度,援助都是与贸易、外商直接投资、基础设施商业贷款、债券和权益投资、优惠或非优惠的出口信贷等结合起来使用的。”[1]美国奥巴马政府的发展合作政策“已经超越了传统形式的对外援助,囊括了贸易、投资、气候变化等非传统性资源与工具,以促进发展中国家经济增长与减贫等领域的可持续发展、包容性增长”[2]。事实上,早在2002年《蒙特雷共识》(the Monterrey Consensus)达成时,动用官方发展援助之外的其他公共与私人发展合作形式的重要性已经得到认可。这涉及国内资源、私人部门、金融合作与技术合作,以及体系性议题,如国际货币、金融与贸易体系一致性的需要。[3]

此外,发展合作关注不同发展合作行为体的有效性原则。针对共同议题与挑战,不同的发展合作伙伴之间开展政策对话,包括南方国家、慈善基金会、本土机构与区域机构。慈善组织实施其援助,产生了意想不到的效果。一些基金会也开始参与有效发展合作的对话。《伊斯坦布尔社会组织发展有效性原则》(the Istanbul Principles for Civil Society Organizations' Development Effectiveness)、《社会组织发展有效性国际框架》(the International Framework for Civil Society Organization Development Effectiveness)阐明了社会组织作为倡议者与提供者如何采取更为有效的方式及其在内部运行与关系中透明、责任等方面的路径。[4]全球伙伴关系期望动员所有行为体,无论是公共的或是私人的、国内的或是国际的。

全球发展合作日益强调有效性与责任性。共同责任(Mutual Accountability, MA)意指发展合作的提供者与接受者之间的责任,被视为发展合作有效性的基本原则与框架。在2005年《巴黎宣言》(the Paris Declaration)出台以来,大多数受援国积极落实共同责任,并在某种程度上参加援助国国别援助政策的制定。受援国政府的绩效往往受到关注,然而发展合作提供者的绩效并没有得到太多的关注。发展合作提供者的责任仍是个挑战,特别是在那些极其依赖援助的国家、脆弱或后冲突的国家。事实上,受援国政府与发展合作提供者的关系在很多情况下仍是不对称的,很大程度上并不是平等的伙伴关系。在实践中,受援国政府与传统援助者或经济合作与发展组织发展援助委员会的成员国是实施共同责任的主要行为体。慈善组织、商业部门等非国家行为体虽然是发展合作的提供者,但是并不是共同责任框架的必要组成部分。社会组织或是政府的实施机构、资金的接受者,或起到监督的作用。国家所有权(country ownership)及其领导是国家层面的共同责任有效实施的关键性因素。政治领导体现在政府谈判与使发展合作提供者负责的意愿与能力,也体现在政府对国民与发展合作提供者负责的意愿。共同责任的有效实施需要国家层面上的制度能力。[5]

传统援助国及其发展合作

2016年,经济合作与发展组织发展援助委员会的援助国(30个成员国)所提供的官方发展援助占其全部国民总收入的0.32%,仍远远低于联合国所确定的0.7%的目标,但是大概占全球官方发展援助的85%。按照体量,最大的援助国是美国、德国、英国、日本与法国。仅6个援助国达到0.7%的目标,即丹麦、卢森堡、挪威、瑞典、英国、德国。经济合作与发展组织援助国向发展中国家提供官方发展援助1450亿美元,按不变价相比于2015年增加了10.7%。[6]欧盟承诺到2030年将向最不发达国家提供的援助增加到其国民总收入的0.2%。

传统援助国关注善治、援助有效性、减贫,依据其自身经验与援助实践制定较为完备与全面的援助政策,特别强调以发展合作理念为指导。2015年2月10日日本内阁批准的《发展合作大纲》放弃了以往《官方发展援助大纲》的称谓,阐明了其发展合作的目标及基本政策、首要政策、实施原则三部分内容。日本对外援助优先关注高质量增长与消除贫困、善治及自由与民主等价值观、全球性挑战,遵循更具战略性的方法、体现日本实力的合作、积极参与国际讨论三大实施原则,从而致力于发展合作的有效性、适当性。[7]美国对外援助总是有双重目标,即促进美国利益,且改善发展中国家的生活。美国国际开发署在全球100多个国家或地区促进全球健康、支持全球稳定,提供人道主义援助,促进创新与伙伴关系,增强妇女与女孩权能。[8]

传统援助国越来越注重制定评价标准、确定评价方法,以确保援助或发展合作的有效性与质量。2003年日本制定了首份《官方发展援助评价大纲》,迄今为止已制定了8份,涉及评价目标、标准、日本外务省评价体系及其评价方法等内容,特别是政策的相关性、结果的有效性、进程的适当性。美国国际开发署在其2011年评估政策的指导下尤其注重项目评价,以系统地收集与分析项目绩效和影响的信息与证据,增进项目的有效性。自此以来,美国国际开发署每年大约开展200项评估,迄今为止已完成超过1000份评价,并为2600多位美国国际开发署职员提供有关评价方面的正式培训。2016年7月,美国通过了《对外援助透明与责任法案》(the Foreign Aid Transparency and Accountability Act)。[9]

尽管日本、美国等传统援助国的对外援助行政管理体系仍具有碎片化的特点,但是都试图以整体政府视角的方法进行对外援助管理改革。

最为显著的是,英国以此设立了独立且统一的国际发展部,成为对外援助行政管理改革的模范。[10]相比之下,日本对外援助行政管理呈现出由内阁与外务省负责政策制定、由独立的行政机构负责政策实施的模式。日本官方发展援助的行政管理改革逐步确立了由日本内阁海外经济合作委员会讨论海外经济合作的基本战略、由外务省负责对外援助政策制定、由独立的日本国际协力机构等负责对外援助政策实施的行政管理框架与模式。这种模式使其制定出较为连贯一致的援助政策,并确定优先问题、优先地区。在这种援助行政管理模式下,日本政府确定减贫、可持续发展、全球性问题,以及和平建设为优先问题。[11]

新兴援助国与发展合作

中国、印度、巴西、南非、沙特阿拉伯、泰国、土耳其等许多国家在全球发展合作中日益活跃,不容忽视或小觑,日益扮演着变革的角色。一方面,传统援助国往往质疑其在全球发展合作中的角色,认为这些国家有损传统援助国的援助效果及其自由主义的全球治理,而且这些援助国的透明度不高。另一方面,新兴援助国为受援国在资金、援助等方面提供了更多的选择、替代性的经济发展模式与方法。新兴援助国重新审视其发展援助政策,强调评价与监督程序等诸如此类的议题,为发展合作提供新的原则、概念。新兴援助国在发展合作中的作用与角色往往受到其对外政策与外交行为的影响与塑造。所谓新兴援助国具有双重身份,既是援助国又是受援国。

巴西在1960年成为援助国,其"在国际发展合作中的政治立场更多地受到国家政策与制度的形塑"[12]。巴西总统卢拉执政时期,巴西对外政策优先关注南美洲,特别是阿根廷,其次是23个西非国家,第三是中国、印度、墨西哥、南非。不过,巴西与欧洲、北美的传统联系依然如故,因而巴西对外合作是以这些政策优先事项为基础的。在三方合作领域,巴西是最活跃的新兴国家之一。如巴西对南南合作的理解为,南南合作并不是强加以知识或信息，而是在具体领域与伙伴国分享经验，因而既是个学习过程又是个援助过程。巴西往往主要以技术合作、共同融资项目援助非洲、拉丁美洲及葡萄牙语国家的农业、教育与医疗，也提供一些债务减免及大量紧急援助。

印度发展合作政策在南南合作框架中历经重大变化，反映了其拥有大量外汇储备的新自信以及对更大的全球角色的渴求。自独立以来，与其他发展中国家的联系是印度重要的政策优先事项。近年来，印度的援助政策更为实用与理性。第一，印度曾经真诚地对待三方合作，但是现在似乎不再如以往了。第二，印度在支持非政府组织方面是透明的。第三，印度对外援助曾经是以项目为基础的发展援助，但是现在这一特点并不明显。[13]印度往往关注其邻国，如不丹和尼泊尔，还关注阿富汗，但是越来越关注非洲的基础设施、信息技术、能力建设与培训。

金砖国家在全球发展合作中日益活跃。在2014年7月金砖国家峰会上，金砖国家领导人倡议成立金砖国家开发银行（the New Development Bank, NDB）以支持发展中国家基础设施项目，被一些人士认为是对美国及其西欧盟国与日本所主导的国际援助架构的挑战。相比于经济合作与发展组织发展援助委员会援助国的援助总额，金砖五国援助总额仍然很小。目前，金砖国家5个援助国并不受经济合作与发展组织发展援助委员会的框架或类似规则的约束，它们的经济发展水平显然仍低于经济合作与发展组织发展援助委员会援助国，但有别于经合组织发展援助委员会援助国，因为金砖国家的援助哲学基于不结盟运动，更具体地说是南南合作框架，特别是不干涉内政原则。[14]

2030年可持续发展议程与全球发展合作

2030年可持续发展议程涵盖17个可持续发展目标，以及169个子目标，其内容可以归结为五大类，即人、地球、繁荣、和平和合作伙伴，包括：

目标1. 在世界各地消除一切形式的贫穷；

目标 2. 消除饥饿,实现粮食安全,改善营养和促进可持续农业;

目标 3. 确保健康的生活方式,促进各年龄段所有人的福祉;

目标 4. 确保包容性和公平的优质教育,促进全民享有终身学习机会;

目标 5. 实现性别平等,增强所有妇女和女童的权能;

目标 6. 确保为所有人提供和可持续管理的水和环境卫生;

目标 7. 确保人人获得负担得起的、可靠和可持续的现代能源;

目标 8. 促进持久、包容性和可持续经济增长、促进实现充分的生产性就业和人人获得体面工作;

目标 9. 建设有复原力的基础设施、促进具有包容性的可持续产业化,并推动创新;

目标 10. 减少国家内部和国家之间的不平等;

目标 11. 建设具有包容性、安全、有复原力和可持续的城市和人类住区;

目标 12. 确保可持续的消费和生产模式;

目标 13. 采取紧急行动应对气候变化及其影响;

目标 14. 保护和可持续利用海洋和海洋资源以促进可持续发展;

目标 15. 保护、恢复和促进可持续利用陆地生态系统,可持续管理森林,防治荒漠化,制止和扭转土地退化现象,遏制生物多样性的丧失;

目标 16. 促进有利于可持续发展的和平和包容性社会,为所有人提供诉诸司法的机会、在各级建立有效、负责和包容性机构;

目标 17. 加强实施手段,重振可持续发展全球伙伴关系。

2030 年可持续发展议程对于全球发展合作具有重要意义,仍需致力于解决极端贫困及其国家内部及其间的不平等以及治理不力、自然灾难、环境恶化、不可持续的消费与生产方式、气候变化、不稳定的全球金融体系等问题,谋求全球发展合作中的范式转移,尤其是促进传统的援助国与受援国的关系转变为多部门与多方利益相关者的伙伴关系。2030 年可持续发展议程有赖于所有发展合作领域的行为体与国家的积极参与和有效承诺,以有效地动员、分配与管理资源。[15] 2030 年可持续发展议程适用于所有国家,而不仅限于传统的受援国,反映了团结、合作与共同责任的新精神。该议程试图以新的方式提升发展合作的有效性、加强全球监管并落实责任。

2015年《亚的斯亚贝巴行动议程》(Addis Ababa Action Agenda, AAAA)大力鼓励发达国家至少将国民总收入(GNI)的0.2%投入欠发达国家。[16]早在1981年就确定的目标是,官方发展援助占国民总收入的0.7%,对欠发达国家的援助承诺占国民总收入的0.15%—0.2%。积极调动国内资源是该议程的核心内容。该议程呼吁发达国家落实承诺,在2020年前通过广泛渠道联合调集1 000亿美元,以满足发展中国家在适应和减缓气候变化影响方面的需求。

由于全球挑战日益紧密相关,而且越来越多的行为体参与到全球发展合作之中,全球发展合作需要在技术、科学、创新、贸易和能力建设等领域进一步加强管理与协调,以将目标、资源、知识、能力与动机整合在一起。2030年可持续议程关注政策与制度一致性,提出了更为广泛的有关可持续发展的政策一致性概念,呼吁所有政府内、政府间以及国际社会达成的发展议程(如伊斯坦布尔行动计划,Istanbul Programme of Action, IPoA)与国内政策之间的政策一致性。联合国发展体系需要调整其运行、治理结构、组织安排,以及伙伴关系。联合国成员国及其他行为体在联合国有效的政策对话有助于推进有效的发展合作,尤其是2005年成立的发展合作论坛(the Development Cooperation Forum, DCF)。发展合作论坛启动了有关全球发展伙伴关系的目的、原则与特征的对话,探讨后2015年时代发展合作的管理与责任架构的特点。

《新千年宣言》所确定的全球发展伙伴关系、2002年国际发展融资会议达成的《蒙特雷共识》、《约翰内斯堡可持续发展实施计划》(Johannesburg Plan of Implementation on Sustainable Development)等构成了动员国际支持的框架。全球发展伙伴关系聚焦官方发展援助,涉及《蒙特雷共识》所致力于解决的一些关键议题。《蒙特雷共识》也关注国内资源动员、国际私人融资和体系性议题,确保国际货币、金融与贸易体系支持发展合作方面的努力,超越了债务减免等传统发展议题。《约翰内斯堡可持续发展实施计划》强调其他因素,如能力建设、技术转移、多方利益相关者伙伴关系的重要性。在2012年联合国可持续发展会议上,成员国也同意发展为可持续发展融资的策略。因而,一个基本的、受到完全认可的全球管理与责任框架有助于整合各个层次上的共同责任,促使所有成员国及其他行为体参与发展合作。[17]全球有效发展合作伙伴关系(the Global Partnership for Effective Development Cooperation)评议了2011年第四届援助有效性高级别论坛上所达成的原则。

全球发展合作中的中国角色

中国的发展合作正在从以双边为主的方式向一个多边的合作体系转变[18],不仅为全球发展合作提供了新的思路、经验与知识,而且为发展合作提供了资金及新的发展范式,如亚洲基础设施投资银行(AIIB)、金砖国家开发银行、中非发展基金、丝路基金、南南合作援助基金(首期20亿美元)、中国—联合国和平与发展基金、气候变化南南合作基金。例如,中非发展合作"正在对世界体系变革产生复杂多样的影响,并为当代'中国知识'、'中国思想'的孕育和成长提供特别的理论温床、实践平台和信誉基石"[19]。如习近平总书记所指出的,60多年来,中国积极参与国际发展合作,共向166个国家和国际组织提供了近4 000亿元人民币援助,派遣60多万援助人员,其中700多名中国好儿女为他国发展献出了宝贵生命。面向未来,中国将继续秉持义利相兼、以义为先的原则,同各国一道为实现2015年后发展议程作出努力。[20]就全球结构性巨变、一系列发展中国家的经济与社会进步而言,中国在这一有影响力的趋势中扮演着显著的角色。[21]

中国对外援助或发展合作坚持政治互信、平等互利、传统友好、务实合作、共同发展、不附带任何政治条件的原则,形成了独具特色的战略行为模式。"中国对外援助以和平、发展、合作与共赢为旗帜,体现了自身援助传统、求真务实的援助精神、开拓性的战略进取等鲜明的特点,既按照自己的援助逻辑,也日益参照和遵循国际援助规范与规则。"[22]中国在"一带一路"倡议的目标、原则、理念等的指导下更加有效地、战略地使用对外援助,提升自身对外援助的质量与效果。为此,中国需要一如既往地发扬颇具特色的自身援助经验。“中国寻求以合作与劝说的方式吸引沿线国家积极参与而非以强制与控制的方式将自己的意志强加于他国，在追求本国利益时兼顾他国合理关切，在谋求本国发展中促进沿线国家共同发展，建立更加平等均衡的新型全球发展伙伴关系。”[23]

2013年以来，中国高度重视2030年可持续发展议程，制定了落实议程的国别方案，建立了可持续发展创新示范区，在经济、社会、环境等领域取得了多项早期成果。为推动国际发展合作，中国通过建立南南合作援助基金、中国—联合国和平与发展基金、气候变化南南合作基金等机制，积极助力其他发展中国家落实可持续发展议程。中国是南南合作的积极倡导者和支持者。在发展进程中，中国坚持把自身利益同广大发展中国家的共同利益结合起来，并为南方各国提供力所能及的帮助和援助。近年来，中国积极推动南南合作，加大知识技术分享力度，设立了国际发展知识中心、南南合作与发展学院、南南合作减贫知识分享网站、中外减贫案例数据库及在线分享平台等平台，同各国加强发展经验交流和能力建设合作，成功分享发展经验，帮助发展中国家寻找减贫的解决方案。[24]

中国减贫努力注重经济、社会、生态三方面的效益，体现出劣势往往转化为优势的辩证法，显示出中国在全球发展合作中的知识角色。正如习近平所强调的：“我们要把事事求诸人转为事事先求诸己。”[25]中国以共享、共建、共赢原则推进“一带一路”建设，践行正确义利观与中国周边外交“亲诚惠容”的理念助力中国与其他发展中国家的共同发展，为2030年可持续发展议程作出自己力所能及的努力。“‘一带一路’具体表达了中国领导人对‘求同存异，和平共处’的愿望，以及对提供全球公共物品、和平、安全及可持续性的承诺。……这遵循了中国复兴的‘仁、义’价值观体系，它具有多个层次的丰富含义。”[26]中国正寻求致力于公平、开放、全面、创新的发展之路，努力成为全球发展合作的参与者、贡献者。

注　释

1. 林毅夫、王燕：《超越援助：在一个多极世界中重构发展合作新理念》，宋琛译，北京：北京大学出版社2016年版，第8页。

2. 白云真、申晓若：《论奥巴马政府的发展外交》，载《美国研究》2015年第6期，第78页。

3. "New forms of cooperation and increased coherence to implement the SDGs," https://www.un.org/ecosoc/sites/www.un.org.ecosoc/files/publication/dcf-policy-brief-15.pdf.

4. "Trends and progress in international development cooperation: Report of the Secretary-General," https://www.un.org/ecosoc/sites/www.un.org.ecosoc/files/publication/n1440507.pdf.

5. "Accountable and effective development cooperation in a post-2015 era," https://www.un.org/ecosoc/sites/www.un.org.ecosoc/files/publication/dcf_germany_bkgd_study_2_ma_survey.pdf.

6. http://www.oecd.org/dac/financing-sustainable-development/final-oda.htm.

7. http://www.mofa.go.jp/files/000067701.pdf.

8. https://www.usaid.gov/who-we-are.

9. https://www.usaid.gov/evaluation.

10. 白云真等:《中国对外援助的支柱与战略》,北京:时事出版社 2016 年版,第 11 页。

11. 白云真:《21 世纪日本对外援助变革及其启示》,载《教学与研究》2014 年第 7 期。

12. Enrique Saravia, "Brazil: Towards Innovation in Development Coopeation," in Sachin Chaturvedi, Thomas Fues and Elizabeth Sidiropoulos ed., *Development Cooperation and Emerging Powers: New Partners or Old Patterns?* London and New York: Zed Books, 2012, p.116.

13. Sachin Chaturvedi, "India and Development Cooperation: Expressing Southern Solidarity," in Sachin Chaturvedi, Thomas Fues and Elizabeth Sidiropoulos ed., *Development Cooperation and Emerging Powers: New Partners or Old Patterns?* pp.172—174.

14. Gerda Asmus, Andreas Fuchs, Angelika Müller, "BRICS and Foreign Aid," http://docs.aiddata.org/ad4/pdfs/wps43_brics_and_foreign_aid.pdf.

15. "Reengineering Development Cooperation Institutions to Deliver on the 2030 Agenda for Sustainable Development," https://www.un.org/ecosoc/sites/www.un.org.ecosoc/files/publication/dcf-policy-brief-16.pdf.

16. "Addis Ababa Action Agenda of the Third International Conference on Financing for Development," https://sustainabledevelopment.un.org/frameworks/addisababaactionagenda.

17. "Trends and progress in international development cooperation: Report of the Secretary-General," https://www.un.org/ecosoc/sites/www.un.org.ecosoc/files/publication/n1440507.pdf.

18. 林毅夫、王燕:《超越援助:在一个多极世界中重构发展合作新理念》,第 4 页。

19. 刘鸿武:《中非发展合作与人类现代文明的再塑造》,载《国际问题研究》2010 年第 5 期,第 17 页。

20. 习近平:《谋共同永续发展做合作共赢伙伴》,http://www.xinhuanet.com/world/2015-09/27/c_1116687809.htm。

21. Stephan Klingebel,“Global Problem-Solving Approaches: Te Crucial Role of China and the Group of Rising Powers,” *Rising Powers Quarterly*, Vol.1, Issue 1, 2016, pp.33—41.

22. 白云真:《中国对外援助的战略分析》,载《世界经济与政治》2013 年第 5 期,第 87 页。

23. 白云真:《“一带一路”倡议与中国对外援助转型》,载《世界经济与政治》2015 年第 11 期,第 71 页。

24.《中国引领南南合作为可持续发展注入正能量》,http://www.china.com.cn/news/cndg/2017-09/06/content_41538953.htm。

25. 习近平:《摆脱贫困》,福州:福建人民出版社 1992 年版,第 2 页。

26. 林毅夫、王燕:《超越援助:在一个多极世界中重构发展合作新理念》,第 13 页。

中文版序言
发展合作与发展研究的转型：结构性变革与危机背景下的重新定位

导　言

由于长期的全球结构性巨变与严重危机（“伊斯兰国”的恐怖主义、大量难民与移民流动等），所有利益相关者正面临着要行动起来的巨大压力。[1]这同样也适用于中国、欧洲、发展中国家及那些已取得进步的地区。此外，这也影响着所有政策领域，如安全、环境、医疗卫生、传统对外政策。同样地，发展合作也受其影响，处于调整与改革的进程之中，需要应对迫在眉睫的剧变以及过去10年至20年的全球变革。

就全球结构性巨变而言，最近几十年来，一些发展中国家的经济与社会进步非常迅速。中国在这一影响深刻的趋势中扮演着重要角色。中国的规模与影响在许多方面是非常重要的。中国国内与发展有关的进步——成功的减贫值得特别关注——以及中国在国际关系与南南合作中所扮演的角色也同样如此。

然而，这一趋势也能够在巴西、印度、土耳其等经济体中观察到。这些国家以相当快的速度拓展各自的全球角色，在许多情况下成功地减贫。卢旺达、加纳、孟加拉国等中小经济体在数年内不断发展。因此，国际争论现在涉及“南方国家的崛起”、全球趋同的进程。中国、崛起国以及其他发展中国家日益发展的相关性、全球治理结构中的权力转移也显而易见地塑造着有关网络，如二十国集团(G20)、金砖国家集团(BRICS)。

确定全球性问题的解决方法是一项复杂任务。[2]这需要各个利益相关者之间有效的跨国协作关系，因为适用于解决重大问题领域的国际制度与机制并不存在，如国际投资机制；或者因为脱离民族国家，国际机制并没有足够的问题解决能力，如全球气候政策。问题解决方法也日渐错综复杂，因为这些方法涉及不同的利益相关者。创新极其有赖于联系与管理这些利益相关者(次国家层次的利益相关者、公司等跨国利益相关者，等等)的能力。政府俱乐部的方法(governmental club approaches)表明了利益相关者日益多样化的关联形式以及不断变化的全球权力结构。

2015年，各国政府达成了一个示范项目。只有一种新的跨国合作形式——显然超越了政府间关系或国际关系——得以确立，国际社会才能够在该项目的基础上推进迈向可持续性的全球转变：2030年可持续发展议程是以影响深远的全球性社会契约为基础的。这一全球政策面临着巨大挑战，因为全球体系的特点就是合作存在大量困难和障碍。一方面，在这一背景下，应注意的是当下传统权力政治复活的动态条件，以及由转向尚未明确的多极体系所造成的合作障碍。此时，中国所扮演的具体角色应该再次提及一下。另一方面，跨国界的关键性因素正日益显著，例如利益相关者的增多与非国家化、以知识为基础的影响合作的因素。

对于全球政策跨国合作的成功条件而言，这些趋势的影响是复杂的、相互矛盾的。由于不断增多的与问题有关的压力，相关的利益相关者正提出新的方法以在具体领域开展合作，如全球气候政策，然而地缘政治竞争、世界贸易秩序等领域的全球经济分配性冲突正阻碍着合作性解决之道。发展合作模式促进全球共同利益。在发展合作内外，创新与有效的合作模式都是必不可少的。

2015年9月各国政府首脑所通过的全球发展新议程是全球政策的一个里程碑。这一议程取代了联合国2000年的千年发展目标。总而言之，2030年可持续发展议程确定了17项目标(可持续发展目标，SDGs)。

全球发展新议程强调如下事实，即这些目标仍将包括发展政策的内容，但是也极大地超出这些。

第一，普遍性与转型性。就其意图而言，全球发展新议程意在超越与发展中国家有关的一系列目标。于是，全球发展新议程也面向富裕的工业化国家(及其所面临的挑战，例如不平等或生态上不可持续的生产与消费模式)。全球发展新议程的目的是系统地推动转型(转型性)，例如谋求改革经济与政治决策过程。

第二，六大要素。全球发展新议程聚焦于六大要素：有尊严的生活(特别是消除贫困与减少不平等)；人类：确保健康生活与包容性；财富；地球生态系统的保护；促进和平的社会与功能性制度的正义；致力于可持续发展的全球伙伴关系。

第三，17个目标。17个目标包括169项指标或具体活动，致使全球发展新议程比联合国千年发展目标更为广泛，更有抱负。

第四，发展合作的角色。就实现上述目标而言，发展合作领域的诸多基金仍是重要的。发展合作应该是更为有效、更具目标导向的，并促进其他资源的使用。

总而言之，全球发展新议程不再纯粹涉及发展政策。它在实施方面(例如，如果经济合作与发展组织成员国在“国内”实施大规模改革)的差距的程度仍有待观察。中国非常重视全球发展新议程，也将自身的国际发展合作活动与可持续发展目标结合在一起。

发展研究与发展合作

从发展研究[3]的视角来看，作为研究对象的发展合作[4]传统上面临着双重挑战。一方面，十分危险的是，对变革的单一手段的关注或许会导致对它的高估。过去无疑是这样的，即发展中国家自身变革的范围(就政策以及财政资源而言)在结构上是被低估的，而且相比于发展合作，其他外部政策(如金融政策、贸易政策、农业政策或安全政策)通常发挥着更大的影响，它们的作用在许多情况下也是被低估的。[5]例如，如下事实突出了这一点,即几乎没有研究指出发展合作对发展中国家(如中国或印度)成功减贫的帮助,或有助于低收入国家成为较高收入国家(如加纳或厄瓜多尔)的情况。

另一方面,发展合作领域的学术话语是以显著的二分法为特点的,可能仅在有限的程度上是统一的。[6]在宏观层面上,方法论上的许多分析往往试图从政治经济学角度[7]或计量经济学角度[8]证实发展合作的积极影响、消极影响。迄今为止,计量经济学的分析希望能够形成更为明确的实证结果,但是并未如愿。在微观层面上,过去许多单个案例研究聚焦于与国别、部门或项目有关的归纳分析。在过去10年至15年中,以随机对照试验(randomised controlled trials, RCTs)为形式的创新性研究方法与上述分析相补充[9],这些新方法源自传统发展研究之外的其他学科。随机对照试验法往往颇具创新性,然而与此同时,其范围必然是有限的[10],因为其解释模式仅仅在某种程度上使更为一般意义上的结论成为可能。总而言之,宏观与微观层面上的研究结果几乎互不参考,就其结论而言并非确定无疑。

21世纪初有关发展合作的争论显然有别于以往的讨论。发展合作总是面临着如下挑战,即必须以特定的方式展示其效益和效果。在政治与学术争论中,发展合作的意义过去受到、将来也会再三受到质疑,尽管发展合作的支持者强调发展政策对于发展中国家的意义。

目前的讨论涉及不同的视角:全球权力转移;国际关系中影响深远的进一步发展,包括软性因素(特别是知识)所导致的发展;全球性挑战不断变化的性质。上述几点都意味着新的合作方法是必要的。对于发展合作而言,相关的挑战涉及发展合作的目标及其实施方式(资源转移等)。例如,中长期而言,发展合作传统上与贫困有关的目标是否仍是可行的、合乎情理的呢?在发展中国家经济日益发展的情况下,发展合作对于所有发展中国家仍是一项有意义的合作方法吗?把具体挑战(如贫困、不平等)与国家(即发展中国家)联系起来的做法仍是合理的吗?

2015年9月,全球发展新议程(2030年可持续发展议程)得以确立。在此背景下,上述问题引起激烈讨论。全球发展新议程显然有别于联合国千年发展目标:17项核心目标,不仅适用于发展中国家,而且涉及所有国家的发展议题，由此，发展问题不再仅仅与发展中国家有关。

在这个背景下，笔者关注两个方面。一方面，鉴于发展政策领域的变化，笔者寻求探究发展合作的合作逻辑。在什么背景下，发展政策采取的方法在概念上是合情合理的？另一方面，必须指出的是，不仅政治实践需要反思，而且发展研究也需要根据当前的变化重新定位。发展研究总是非常模糊的、易于引起争议的。由于许多体系性变化，研究主题越来越复杂。笔者试图推进这一讨论。

笔者接下来将概述这一结构性巨变，因为它使对发展合作方法与新的发展研究设计的全新理解成为必要。笔者也将论及与发展合作方法有关的行动方案，此后将阐明对于未来发展研究至关重要的关键点，并得出结论。

发展政策方面的巨变

5个关键领域的变化正在导致数个层面上新的发展政策体系的形成。[11]

超越南北二分法/南方的崛起

首先，全球福利局面目前正经历着根本的结构性变化，而且有利于南方国家。发展合作是以再分配方法为基础的，这种方法假定援助界将世界上相当多的经济权力置于其控制之下，并以发展合作的形式将其中一部分交由发展中国家处置。相反地，这意味着发展中国家相当缺乏资源，需要发展合作方面的资金。由此，南北二分法塑造着发展合作体系。然而，由于环境的不断变化，这一观点也日益受到曲解。

2000年前后，发展中国家所取得的一系列经济与社会进步加快了。一方面，可以观察到的是，中国、巴西、印度、印度尼西亚、土耳其正以相当快的速度扩展各自的全球角色，在许多情况下成功地减贫了。另一方面，在过去几年中，许多中小经济体也保持着富有活力的发展。

由此,国际争论目前涉及“南方的崛起”以及全球联合的进程。[12]发展中国家与全球治理结构中的权力转移正显而易见地塑造着二十国集团以及金砖国家集团等相关的俱乐部平台。成功的新兴国家对贫穷的发展中国家的支持(南南合作)也是不断变化的国际合作架构的一个重要指标。

新兴国家与全球公共产品

新兴国家扮演着越来越重要的角色,这为国际合作提供了一个新的全球背景。不像过去的国际关系局势以及国际关系学者的传统假设那样,新兴国家并不仅是最新一批的“中等强国”或“二流国家”。新兴国家的角色越来越突出:它们极大地使日益多极化的国际体系轮廓变得清晰。

作为一门学科,国际发展(或发展研究)在某种程度上探讨的正是这一主题,关注新兴国家对发展中国家的影响。学者们重视新兴国家那些优惠的、类似于经济合作与发展组织的援助方式的技术方法。因此,南南合作在发展争论中扮演着关键性角色。诸多讨论主要涉及有关这一合作的存在理由的基本方面。

为了与新兴国家的新发展方法建立伙伴关系,应该注意的是南南合作——所有新兴国家所宣称的,不论其不同的政治与社会经济条件如何——已经超出了其传统范围。不同于过去,新兴国家已具备重要的金融能力,新的发展融资机制如金砖国家开发银行、亚洲基础设施投资银行(AIIB),其他发展合作模式,以及更重要的,国内发展经验。

尽管如此,国际发展争论是有限的。对援助的关注已经过时了:援助的相关性不仅在中等收入国家下降了,甚至在贫困国家与脆弱国家,援助日渐扮演着次要的角色。更重要的是援助理念,它只涵盖一定的(与发展中国家)国际合作议程。然而,关注某一特定国家集团的国际合作正在失去相关性。2030年可持续发展议程强有力地阐述了国际合作的诸多目标,超越了当下的援助理念。因此,国际合作急需战略与工具,以支持超越国界的基本公共产品的供给。尽管17项可持续发展目标(全球可持续发展伙伴关系)有助于新的合作方法,但是国际合作的重大创新仍是缺少的。

新兴国家会为地区与全球公共产品的供给作出巨大贡献。“全球公域”(global commons)(如水等自然资源)、公共利益(如和平与稳定、健康与疾病、国际法等),以及供给方面不同类型的挑战(使用不当或供给不足)确实如此。这些贡献只在某种程度上与南南合作有关,且更为重要。新兴国家直接参与联合国及其地区机制（如非盟）的维和行动。例如，巴西（联合国海地稳定特派团的海地任务，the Haiti mission MINUSTAH）、中国（联合国马里稳定特派团的马里行动，the Mali operation MINUSMA）、南非（联合国刚果民主共和国稳定特派团的刚果民主共和国行动，the Democratic Republic of Congo operation MONUSCO）的例子都表明这些国家深度参与维和行动。

对新兴国家的政策分析与研究需要更清晰地反映国家在供给地区与全球公共产品方面的角色。这不仅适用于新兴国家的角色，而且适用于所有国家。然而，对南南合作具体角色的强调或许会导致研究与政策分析中的一些盲点。

简而言之，新兴国家已经在地区与全球公共产品供给方面扮演着关键性角色。一些特别优先的公共利益尤其如此，其中和平与安全是重要领域。我们需要更为系统的方法，以全面地理解新兴国家的具体贡献。

对发展合作的依赖日益减少以及发展中国家的发展

一般而言，发展中国家越来越不依赖于发展合作的资金。[13]不过，这一论断以各种不同的方式适用于不同的发展中国家集团。对于最贫穷的发展中国家而言，依赖率（the dependency ratio）仍很高，其全部外部资金的70%仍源自发展合作。这些国家的国内财政收入（主要为税收）仍多于发展合作，但是比例仅不到一半（46%）。更为发达的发展中国家（中等收入国家）的情况截然不同，发展合作仅占其外部资金的18%，相当于这些国家国内财政收入的5%。[14] 由于经济发展，经济合作与发展组织认可的能够从发展合作中受益的国家也日趋减少。到2030年，28个国家（例如中国、土耳其、秘鲁）或许就不在此列了。[15]

发展合作目标体系的模糊性与全球集体行动的必要性

相比于15年或20年前，当今发展合作所实现的目标并不太直观。尽管贫困状况有所改善，但减贫仍是个关键性挑战。然而细究起来一系列其他问题依然存在：如果大多数穷人生活在中等收入国家，那么发展合作仍须向这些相对富裕的发展中国家投入资源吗？中国、巴西等国家有充裕的内部资源，自己承担起这个任务，符合事实吗？一个更为重要的问题正日益引起关注:当下援助者的动机是否更为广泛,而非仅仅奉行国际贫困议程呢?

在德国等国家,国际减贫与人道主义事业方面较高的社会责任依然是确定无疑的。[16]不可否认的是,所有援助国也总是希望以发展合作推进自身利益——与其对外贸易利益或其自身的安全政策目标相联系,如对维持阿富汗的稳定投入大量发展合作资金所表明的。然而,发展政策所驱动的发展合作与意在实现其他目标——在许多情况下是其他全球性关切——的发展合作之间的分野正日益模糊。例如,就有关国家与部门的资源分配而言,气候融资问题及其相关的后果正体现了这一点。比如说,大量资金应该用以解决气候变化问题吗?还是减少绝对贫困应该优先呢?2014年埃博拉病毒的蔓延也表明了,最初是当地的挑战在多大程度上需要卫生保健部门有效的、获得授权的管理架构(全球治理)。这显然超出了早期发展政策对这一主题的看法。

对功能性国际合作关系的需求大幅增加,这体现在许多领域。[17]这一合作性需求在某种程度上仅与当下发展合作的合作逻辑相关。

发展合作以外的政策与利益相关者日渐重要

由于更深入的合作关系的必要性,国际合作与跨国合作中的其他利益相关者越来越重要。例如,企业基金会(如比尔·盖茨及梅琳达·盖茨基金会)[18],或气候变化领域的一系列新融资机制(尤其是绿色气候基金)日渐重要。一方面,这些利益相关者正塑造着可持续发展的全球框架性条件(从一项发展政策来看政策与国际机制的一致性)。另一方面,它们在资金、知识交流和各种机制的实施方面扮演着重要角色。越来越多的利益相关者与在发展中地区的伙伴国合作,例如,援助国的主管部门越来越多地直接与伙伴国合作。这引发了协作方面的新挑战。[19]

知识因素

在转型与发展的过程中,知识正成为一个日益重要的因素,在国际关系中的角色也具有重要意义,超过了全球权力转移。[20]知识生产、引导与转移对当地与国家层次上的发展政策、战略是极为关键的(生产方法或公共管理组织中最佳实践的应用、为促进经济发展对竞争性优势的使用等），也是解决全球性挑战（例如解决气候变化的影响）的一个方法。与此同时，发展政策的合作方法在向发展中国家提供知识方面的相关性大幅下降。在许多情况下，就发展合作之外的知识使用而言，甚至低收入国家也有不同的战略。

发展政策的合作方法所需的政治路径

鉴于框架性条件的改变，未来发展合作如何组织或改革的问题浮出水面。一般而言，两种路径力求改变，但是也日渐结合在一起。

发展合作观念的变革

首先，从中短期来看，在经济合作与发展组织发展援助委员会的背景下继续变革发展合作的概念是符合逻辑的。[21]与其相关的是，细化发展合作的概念（如优惠条件的界定），避免给予任何错误的激励（例如，对中等收入国家而非低收入国家的发展合作所造成的），修改发展合作领域受援国名单的标准。

2005年《巴黎宣言》达成的有关更有效的发展合作的原则仍将适用，仍是重要的最佳实践，有助于改进工具与进程，进而使伙伴国所获得的发展政策收益能够增加。2011年年底在韩国釜山召开的发展合作有效性高级别会议（the high-level meeting on DC effectiveness）试图为发展合作的有效性议程确立一个更为广泛的基础，将架构转向有效发展合作的全球伙伴关系（the Global Partnership for Effective Development Cooperation, GPEDC）。当时主要是经济合作与发展组织支持这一提议。这一做法的意图是诚邀新兴国家参与经济合作与发展组织有关发展合作的争论，但与此同时，评估更有效的发展合作标准的具体机制显然被削弱了。经济合作与发展组织试图将富有活力的南方国家纳入自己的体系中，但是巴西、中国、印度对此予以拒绝。

鉴于发展中国家发展的进程,如下问题也将日趋重要,即更为发达的发展中国家是否应该仍将是发展合作的受援国。例如,英国、欧盟已经在数个前受援国中着手实施或宣告了一项发展合作的退出战略(an exit strategy)。其中一些国家不再需要相当多的或任何发展合作的资金。尽管如此,特别是经济合作与发展组织成员国仍有强烈的兴趣与这一重要国家集团开展密切对话,以应对气候变化或共同致力于解决安全问题。政府职能部门通常负责这些进程,并已经在这些领域积极开展合作。与此同时,发展政策的利益相关者通常具有在其他地方难以找到的对话工具与经验。在这方面,在可预见的未来,通过发展合作向有活力的发展中国家直接转移资源的做法仍将会减少。然而,发展政策的各种选项(对话、分析、其他发展中国家的联合项目等)应该被用以与这些国家建立更为密切的全球性合作。

发展合作的合作逻辑的结构性转型

第二,进一步确立发展合作以外的合作方法是重要的,以促进一项全球发展议程。关于此事,2030 年可持续发展议程及其 17 项可持续发展目标在可预见的未来仍是重点。也就是说,其落实不仅取决于发展合作,而是应该有更为广泛的范围。与此同时,全球发展议程不再将发展合作意义上比较狭义的发展概念(主要限于国家的社会与经济发展)视为其起点,而是也解决普遍存在的问题,如不平等,尤其是生态可持续性。

为了落实这一雄心勃勃的全球发展议程,组织一个有效的技术与政治报告体系将是有关国际义务的必要组成部分。就各国在定期提供公共产品方面的记录和国际报告而言,一些学者针对这些议题提出了具体建议。[22] 例如,德国将不再仅仅报告与发展合作相关的努力,而且也将提供有关其在其他领域的承诺的信息,如气候保护与安全,或推进意在减少不平等的措施。在这一过程中,这并不必然取决于发展中国家是否是合作方法的受益者;相反,德国可以将在西班牙、加拿大的具体努力记录下来。在这种逻辑下,这种做法将有助于全球公共产品的供给。

未来,就政治与内容而言,发展合作以输入为取向的量化目标或许不太会受到重视。仍然合乎情理的是,一国仍有动机承担国际任务,以促进其作出最大限度的承诺。然而,将此应用于部分方面——发展合作的限度(具体而言是0.7%的目标)——并不那么令人信服。记录任何特定国家提供全球公共产品的所有努力是更为有益的。

此外,有关政策领域组织的问题未来可能需要更多关注。在加拿大与澳大利亚,由于近来组织改革,发展合作与其他领域已经融合在一起,发展合作的地位因而大幅下降。[23]相比之下,数项建议使发展合作更多地关注全球性关切,如与德国体系有关的建议。[24]由此,对发展合作的组织的调整原则上并不能表明全球性关切是否能够被有效地推进。

研究发展:未来方向的关键点

近几十年来,作为一个学科的发展研究是以一系列重要争论为标志的。哪个研究主题实际上需要分析?它是个可归纳的发展问题,还是在具体背景下有具体原因与特点的发展问题呢?[25]能够或应该应用哪些专业学科呢?研究主题无需跨学科或多学科方法吗?[26]在对发展研究的理解多数含糊不清或富有争议的情况下,理论性方法又有何意义呢?

尽管有太多不同的视角,但是有关发展研究广为接受的观点的一些基本特征能够得以确定。下面的界定代表着争论的大部分内容:

> 国际发展研究意在解释世界上有关人类福祉的多样性,以及在比较世界各地的民众、社会集团、民族、政治经济体系时所出现的共同模式。[27]

对于这一界定与类似的声明而言,世界不同国家与地区之间发展水平的鲜明对比是至关重要的。因此,富国与贫穷国家、发达国家与欠发达国家的二分法是发展研究中常见的构成性特征。第二次世界大战后,有一些国家被称为发展中国家。随着这些国家的兴起,这种区分并未有所发展。事实上,这一方法可以回溯到资本主义发展与殖民地形成之时。[28]

发展合作的概念是以如下区分为基础的:更富裕的国家提供资源,以支持或促进贫穷国家的发展。由此判断,相比于国际关系的其他领域,这些方法基本上是以发展合作领域的利益相关者之间的差异为特征的。从结构上来看,一个发展合作的伙伴拥有更多的资源(资金、技术等)供其使用。

虽然从发展政策的视角来看,工业化的、一般而言富裕的北方与贫穷的南方之间简单的区分持续到20世纪90年代,但在过去几十年中,促使发展中国家分化的进程也出现了。20世纪90年代,“新兴国家”这一术语表明一些更为发达的国家出现在南方。在最发达的国家,仍有很大一部分人生活在绝对贫困之中。

在20世纪90年代与21世纪前10年,这一分化进程加剧了,因而一个同质的南方图景也日渐令人误解。与此同时,一系列重要发展中国家经济发展的速度比经济合作与发展组织成员国更快。21世纪初期,一般而言,中国、印度的增长速度是经济合作与发展组织成员国增长速度的三至四倍。从全球观之,不再以南北分野的方法划分国家类别更符合逻辑。

当用以涉及发展理论与政策的争论时,发展这一术语往往是不明确的。其意义也是极具争议的,受制于不断的变化。最迟自20世纪90年代以来,欠发达国家所谓赶超式发展的进程不再被视为一个令人满意的发展模式,至少在发展政策的言辞方面是如此。

现今的发展术语和战略正受到根本性质疑,特别是在后发展(post-development)方法的背景下欧洲中心论的、家长式的发展观[29]已经受到严厉批评,因而一些学者建议完全放弃“发展”这一术语[30]。

早期与发展有关的争论的各种关键性内容已经经由可持续性的话语被纳入有关发展研究的争论之中。因此,这不再仅仅是解决发展中国家发展短板的问题,而是意识到,对于所有利益相关者和地区而言,发展问题都有可能以转型挑战的形式出现在一系列不同层次(地方、国家、地区与全球)。

尽管在如今的发展研究中占主导地位的观点是研究领域需要再界定[31],但是勾画出一项新的精确研究设计事实上是困难的。英国发展经济学家劳伦斯·哈达德(Lawrence Haddad)进行了一项重新评价的有趣尝试,以寻求描述新的发展研究议程:

笔者认为两类问题将日渐推动着研究议程:(1)常见问题;(2)集

体问题。常见问题是所有国家——贫穷国家与富国——正面临的发展问题。这些问题包括解决不平等问题、建立国家与公民的联系、解决肥胖问题、为老年人提供看护服务。集体问题是那些影响所有人且需要集体行动的问题,包括气候、税收流向、移民,以及毒品、武器和人口的非法贸易。[32]

事实上,激烈争论有利于发展研究的根本性调整。研究设计不再是由与国家集团有关的特征所主导,但是代之以超越国界的相关的集体问题。两个重要方法正日益起到决定性作用。[33]一方面,存在哪些不平等形式及其意义的问题正涌现出来。另一方面,如何能够最佳地共同解决诸多问题这一议题出现在国际与跨国层面上。

第一,不平等与凝聚力超越传统的国别范畴。

未来,与发展研究相关的国家分化进程必然得到优先考量。此类进程要么已经开始,要么仍将继续出现。一方面,这些分化进程导致纵向结构的消解(南方、北方),尽管这一纵向结构迄今为止仍然普遍存在。另一方面,这些分化进程并未从根本上消除经济与社会鸿沟,无论在国际层面或在国内层面上。相反,新出现的一些结构仍然是以诸多差距与开放、多样的国家集团为特点的。东亚奇迹、非洲崛起等发展变化在此意义上并不是一次性的例外现象,而是富有活力的全球发展进程的基本特征。

在 21 世纪前 10 年,一些变化尤其推动了人口密集的国家经济融合的巨大进程,引起社会广泛变化,促使家庭收入、社会公共服务和一些人群的消费大幅增加。由此,国内差距也颇具重要意义。在某些国家中,一些人群深陷贫困,另一些人群更为广泛与直接地受益于发展进程,新的中产阶级正在形成。

尽管全球经济融合进程的意义只能够被粗略地确定[34],但是这些意义包括基本的社会与政治议题(社会经济不平等与融合的结果、发展进程对于政治参与的影响等)、经济成功的生态可行性所涉及的主要问题(地球可承载的限度)。就迄今为止很少或没有取得经济成功的国家而言,中等收入国家(middle-income countries, MIC)在很大程度上采用了经济合作与发展组织以往的模式(例如被广为接受的代表区域一体化的欧盟的模式)。

毫无疑问的是,发展研究是以一些国家(发展中国家)的共同特点为基础的。诸多分化进程表明,这一以国家为基础的分类对于未来研究方法的作用是有限的。[35]发展研究将来不一定要聚焦于有关发展中国家的议题,反而是不限于发展中国家的范畴。那么关键是,发展研究必须与国际和国内不平等以及融合的问题更加紧密地结合在一起。

第二,全球公共产品与全球集体行动。

各种学术争论关注如下问题,即如何克服国际合作与跨国合作的障碍,以及如何解决共同行动的动机缺失的问题。[36]

过去约20年间的许多讨论涉及全球公共产品的概念。公共产品的概念来自经济学,最初被应用于国家层次上;20世纪90年代末,英吉·考尔(Inge Kaul)等学者继续发展出有关全球公共产品(Global Public Goods, GPG)的诸多方法。[37]

相比于私人产品,公共产品并不具有排他性。反而,公共产品由所有相关人员使用,如安全比如通过警察维护安全或公共交通基础设施(人行道、道路、交通标志等)。

近几十年来,许多生活与政策领域日渐具有跨国性,这导致区域化、尤其是全球化的巨大发展。许多公共产品不能再在国家层次上加以处置,或仅仅在非常有限的范围内使用;这也适用于安全(如暴力和犯罪现象)或自然环境保护(如清洁水域)。各种全球公共产品截然不同,如与此问题相关的使用者是否被排除在使用范围之外(排他性/非排他性),或者全球公共产品的使用是否是以排除其他使用者为代价的(竞争性/非竞争性)。许多全球公共产品并不充裕或被过度使用,因为搭便车也是国家行动的一项理性模式。国际合作关系内的双重挑战——利益相关者的增多、诸多问题解决方法的碎片化[38]——致使全球公共产品的管理成为一项核心任务,因而一些新形式的集体行动(超级集体行动)是需要的。[39]由此,学术争论日渐关注如下问题,即在多个行为体联盟(multi-actor coalitions)或网络方法的意义上,新的利益相关者如何促进有利于全球公共产品或有助于消除国际关系中诸多障碍的协作性行动。[40]

全球公共产品的供给需要地区或全球层次上的跨国行动:这包括意在控制或克服气候变化后果的诸多活动。对于发展合作而言,以全球公共产品为导向的国际行动具有相关性,原因有二。第一,国家日渐需要那些维系着集体利益的政策和项目。在许多情况下,这些公共产品是难以形成并获得资金的,而且一些有效的动机有效地促使国家不提供公共产品(公地悲剧)。第二,在发展合作框架内所提供的公共产品类型通常并不符合援助者的既得利益。迄今为止,发展合作基本上在特定国家的发展进程中为其提供支持,而并非必然推动一项全球性产品的供给。然而,就全球公共产品而言,援助者往往有相当大的既得利益;甚至可能的情况是,在政策实施时,国家并不优先考虑这些活动的潜力,因为国家无法从中获得任何直接收益。由此,将服务于所有参与的利益相关者的集体利益而与全球公共产品相关的服务和那些主要服务于国家发展利益的服务相区分的做法是权宜之计。[41] 由此可以断定,从现有发展合作体系来看,更多地使用发展合作以促进有独创性的全球公共产品的做法有潜在的危险,这将会导致发展合作不再按照与国家发展目标相关的基本逻辑开展。

与跨境问题解决有关的创新揭示出另一要点:当涉及各种关键性问题的解决办法时,在许多情况下,政府间进程是不足的。相反,让其他利益相关者介入相应的策略也是关键的。当地的利益相关者、非公共的利益相关者扮演着重要角色。由此,网络方法系统地让社会团体、私人部门的利益相关者参与进来,以努力提出解决办法。《采掘业透明度倡议》(the Extractive Industries Transparency Initiative)、全球疫苗免疫联盟(the Gavi vaccine alliance)等例子表明,这些网络有能力对全球可持续发展作出相关的贡献,并达成超越民族国家政府影响范围的成就。网络方法能够得以推进或协调——至少在某种程度上是这样。发展合作可能是这种方法的支持者,具有长期的合作经验与许多伙伴。[42]

总　结

在未来数年中,有关外部合作(external cooperation)方法的诸多争论可能扮演着重要角色。近年来危机过多的现象(如 2014 年至 2015 年以来欧盟难民的剧增),以及不平等现象、来自新恐怖主义的安全风险、气候变化的影响等根本性挑战都表明,对有效的合作方法的需求日趋增加。在此背景下,发展合作的任务是令人信服地表明发展政策的合作工具如何能够起到有效的作用,这是其他利益相关者无法做到的。

就发展合作即将到来的争论而言,如下几个方面是特别重要的。

第一,一些发展中国家或脆弱国家急需发展合作的资金,在可预见的未来仍将如此。在很大程度上,这些国家将有赖于发展合作的融资和投资,以实现自己的可持续发展。这一领域相当广泛地与传统的发展政策动机和目标相关。

第二,这些国家仍将依赖于其有效利用发展合作的能力。由此,对于这些国家而言,发展合作有效性争论的重要性不会下降。经济合作与发展组织的援助国日渐减少那些反映出于自身利益考虑的发展合作规范和标准(《巴黎宣言》等)而提供的支持,事实上是颇成问题的。

第三,各国越来越需要齐心协力,以提供全球公共产品。国际安全与地区安全、气候变化的挑战等论题是长期存在的,也是符合援助者切身利益的。功能性合作工具是必要的,以应对这些挑战。由于几乎很少有政策领域具备相关的实际知识,发展合作原则上能够有助于提供重要经验与方法。

第四,与更为发达的发展中国家确立协作和网络日渐重要;这也适用于中国。没有中国与其他新兴国家的参与,有关全球问题的完善解决方案是不可能被提出的。因此,这些国家需要创新性的发展政策合作,但这并不彰显对发展合作的传统需求(涉及大量利益相关者的复杂的网络方法等)。

第五,也是最后一点,就公共产品的供给而言,关键是所有利益相关者实现更高的透明度。2014 年以来,经济合作和发展组织致力于记录另一项统计指标,即可持续发展的全部官方支持(total official support for sustainable development, TOSSD),以尽可能多地记录促进发展的领域。考尔提出了一项建议,涉及如下问题,即国家如何进一步报告其供给全球公共产品的情况。[43]这些措施和建议是重要的,以为那些将从更多的援助承诺中获益的国家提供系统性激励。

发展研究也将不得不重新定位。发展研究中以往许多关键性论题的重要性将会下降(例如，研究方法关注发展合作的工具与方式)，然而其他论题需要创新性考量与深入发展。例如，这适用于全球层次上集体行动的问题。有关发展研究的研究是可以参照的，也可以作为前提。然而与此同时，解决(跨国)合作议题的其他学科是极其相关的。在这方面，发展研究可能需要在中期内获得关键性设计的显著改变。

注　释

1. Stephan Klingebiel, "Development collaboration with a focus on crisis," *Diplomatisches Magazin* 2/2016, pp.28—31.

2. Heiner Janus, Stephan Klingebiel, Sebastian Paulo, "Beyond Aid: Concepts on the Change of Development Aid," *The Journal of International Development*, Vol.27, Issue 2, 2014, pp.155—169; Stephan Klingebiel, Sebastian Paulo, *Orchestration: An Instrument for Implementing the Sustainable Development Goals*, Briefing Paper 14/2015, Bonn: German Development Institute; Stephan Klingebiel, Sebastian Paulo, *New Approaches to Development Cooperation in Middle-income Countries: Brokering Collective Action for Global Sustainable Development*, Discussion Paper 8/2016), Bonn: German Development Institute.

3. 对于发展研究争论的综述，参见 Bruce Currie-Alder, Ravi Kanbur, David M. Malone, Rohinton Medhora eds., *International Development: Ideas, Experience, and Prospects*, Oxford: Oxford University Press, 2014; Paul Alexander Haslam, Jessica Schafer, Pierre Beaudet eds., *Introduction to International Development. Approaches, Actors, and Issues*, Ontario: Oxford University Press, 2012; Franziska Müller, Elena Sondermann, Ingrid Wehr, Cord Jakobeit, Aram Ziai, eds., *Entwicklungstheorien. Weltgesellschaftliche Transformationen, Entwicklungspolitische Herausforderungen, Theoretische Innovationen*, Baden-Baden: Nomos Verl.-Ges., 2014; Dani Rodrik, Mark Rosenzeig eds., *Handbook of Development Economics*, Volume 5, 2010, Amsterdam: North Holland。

4. 根据笔者等人的看法，下面的解释是非常重要的：发展政策具有三个方面的层次，一是伙伴国层次(经由发展合作改善生活状况)，二是国际层次(参与以发展为导向的全球框架与国际政策)，三是国内层次(提升发展政策的一致性以及发展政策信息与教育工作)。参见 Guido Ashoff, Stephan Klingebiel, *Transformation of A Policy Area: Development Policy Is in A Systemic Crisis and Faces the Challenge of A More Complex System Environment*, Discussion Paper 09/2014, Bonn: German Development Institute/Deutsches Institut für Entwicklungspolitik(DIE)。

5. 有关发展政策一致性的争论，参见 Ibid。

6. Jörg Faust，Stefan Leiderer，“Die Effektivität der Entwicklungszusammenarbeit. Ergebnisse des ökonometrischen Ländervergleichs，” in Jörg Faust，Susanne Neubert，eds.，*Wirksamere Entwicklungspolitik. Befunde，Reformen，Instrumente*，Baden-Baden：Nomos Verl.-Ges.，2010，pp.166—188.

7. Paul Collier，*The Bottom Billion. Why the Poorest Countries Are Failing And What Can Be Done About It*，Oxford：Oxford University Press，2008；Williams Easterly，*The Tyranny of Experts：Economists，Dictators，and the Forgotten Rights of the Poor*，New York：Basic Books，2014；Nancy Qian，“Making Progress on Foreign Aid，” *Annual Review of Economics*，Vol. 7，2015，pp.277—308；Jeffrey Sachs，*The End of Poverty. How We Can Make It Happen In Our Lifetime*，London：Penguin，2005.

8. Craig Burnside，David Dollar，“Aid，Policies，and Growth，” *American Economic Review*，Vol.90，No.4，2000，pp.847—868；Tseday Jemaneh Mekasha，Finn Tarp，“Aid and Growth：What Meta-Analysis Reveals，”*Journal of Development Studies*，Vol.49，2013，pp.564—583.

9. Abhijit Banerjee，Esther Duflo，*Poor Economics. A Radical Rethinking of the Way to Fight Global Poverty*，New York：Public Affairs，2012.

10. Felipe Alexander Dunsch，*Conflicting Strategies to Enhance Foreign Aid Efficacy in Africa：the Millennium Villages，Randomized Trials and Free Trade*，Baden-Baden：Nomos Verl.-Ges.，2012.

11. Guido Ashoff，Stephan Klingebiel，*Transformation of A Policy Area：Development Policy Is in A Systemic Crisis and Faces the Challenge of A More Complex System Environment*；Heiner Janus，Stephan Klingebiel，Sebastian Paulo，“Beyond Aid. Concepts on the Change of Development Aid，” *The Journal of International Development*，Vol.27，Issue 2，2014，pp.155—169.

12. OECD，*Perspectives on Global Development 2010. Shifting Wealth. Perspectives on Global Development*，Paris，2010；UNDP，Bericht über die menschliche Entwicklung 2013. Der Aufstieg des Südens. Menschlicher Fortschritt in einer ungleichen Welt. *Bericht über die menschliche Entwicklung*，Berlin/New York，2013.

13. Joachim Betz，“Umbruch in der Entwicklungsfinanzierung?” *Aus Politik und Zeitgeschichte*（APuZ）7—9/2015，pp. 23—29；ODI/DIE/ECDPM，*European Report on Development 2013：Post-2015 Global Action for an Inclusive and Sustainable Future*（European Report on Development），Brüssel，2013；Jens Sedemund，*An Outlook on ODA Graduation in the Post-2015 Era. External Financing for Development*，Paris，2014.

14. 这些数字以 2011 年统计数据为基准，源自斯廷森的论述。参见 Suzanne Steensen，“Keeping ODA Focused In A Shifting World，” in *Development Cooper-*

ation Report 2014. Mobilising Resources for Sustainable Development, OECD ed., pp.29—50。

15. Jens Sedemund, *An Outlook on ODA Graduation in the Post-2015 Era: External Financing for Development*, Paris: OECD, 2014.

16. 参见对德国的欧洲民意调查的相应结果,European Commission, Eurobarometer 82.1. Results for Germany. http://ec.europa.eu/public_opinion/archives/ebs/ebs_421_fact_de_en.pdf,访问时间:2015 年 4 月 19 日。

17. Thomas Hale, David Held, Kevin Young, *Gridlock. Why Global Cooperation Is Failing When We Need It Most*, Cambridge: Polity, 2013; Sebastian Paulo, *International Cooperation and Development: A Conceptual Overview* (Discussion Paper 13/2014), Bonn: German Development Institute, 2014; Heiner Janus, Stephan Klingebiel, Sebastian Paulo, "Beyond Aid. Concepts on the Change of Development Aid," *The Journal of International Development*, Vol. 27, No.2, 2014, pp.155—169; ODI/DIE/ECDPM, *European Report on Development 2013: Post-2015 Global Action for an Inclusive and Sustainable Future* (European Report on Development), Brüssel: European Commission, 2013.

18. 这也说明私人基金会日渐重要:在向非洲埃博拉危机中提供资金(截至 2014 年 10 月底)的十大援助者中,两个是私人基金会,即保罗·艾伦家族基金会(Paul G.Allen Family Foundation)(位列第 7)、比尔·盖茨和梅琳达·盖茨基金会(the Bill and Melinda Gates Foundation)(位列第 9)。

19. Stephan Klingebiel, "Development Collaboration with a Focus on Crisis," *Diplomatisches Magazin*, 2/2016, pp.28—31.

20. Heiner Janus, Stephan Klingebiel, Sebastian Paulo, "Beyond Aid. Concepts on the Change of Development Aid," *The Journal of International Development*, Vol.27, Issue 2, 2014, pp.155—169; Maximilian Mayer, Mariana Carpes, Ruth Knoblich eds., *The Global Politics of Science and Technology: Concepts from International Relations and Other Disciplines*, Berlin: Springer, 2014.

21. Jan Vanheukelom, Stefano Migliorisi, Alisa Herrero Cangas, Niels Keijzer, Eunike Spierings, *Reporting on Development. ODA and Financing for Development*, Maastricht: European Center for Development Policy Management, 2012.

22. Peter S.Heller, *Rethinking the World of Aid in the Twenty First Century* (Wider working papers 2011/67), 2011; Inge Kaul, *Global Public Goods. A Concept for Framing the Post-2015 Agenda?* (Discussion Paper 02/2013), Bonn: German Development Institute, 2013.

23. Simon Maxwell, *The Donors' Dilemma—What is the Future of International Development?* http://www.globalpolicyjournal.com/blog/06/01/2014/donors'-dilemma-what-future-international-development,访问时间:2015 年 3 月 12 日。

24. Jörg Faust, Dirk Messner, *Schluss mit Arroganz und Almosen. Wir*

brauchen ein Ministerium für globale Entwicklung. Denn reiche und arme Länder haben gemeinsame Ziele(Die Zeit. 42/2013), http://www.zeit.de//2013/42/faust-messner-ministerium-globale-entwicklung,访问时间:2015 年 4 月 18 日。

25. Gerhard Hauck, "Die Aktualität der 'großen' entwicklungstheoretischen Debatten der 1970er/1980er Jahre," in Franziska Müller, Elena Sondermann, Ingrid Wehr, Cord Jakobeit, Aram Ziai eds., *Entwicklungstheorien. Weltgesellschaftliche Transformationen, entwicklungspolitische Herausforderungen, theoretische Innovationen*, Baden-Baden: Nomos Verl.-Ges., 2014, pp.352—380; Reinhart Kößler, "Entwicklung: Zur Genealogie einer toten Metapher und den Folgen, Entwicklungstheorien," in Franziska Müller, Elena Sondermann, Ingrid Wehr, Cord Jakobeit, Aram Ziai eds., *Weltgesellschaftliche Transformationen, entwicklungspolitische Herausforderungen, theoretische Innovationen*, Baden-Baden: Nomos Verl.-Ges., 2014, pp.435—463; David Williams, "The Study of Development," in Bruce Currie-Alder, Ravi Kanbur, David M. Malone, Rohinton Medhora eds., *International Development. Ideas, Experience, and Prospects*, Oxford: Oxford University Press, 2014; Aram Ziai, "Post-Development-Ansätze: Konsequenzen für die Entwicklungstheorie," in Franziska Müller, Elena Sondermann, Ingrid Wehr, Cord Jakobeit, Aram Ziai eds., *Weltgesellschaftliche Transformationen, entwicklungspolitische Herausforderungen, theoretische Innovationen*, Baden-Baden: Nomos Verl.-Ges., 2014, pp.405—434.

26. David Williams, "The Study of Development," in Bruce Currie-Alder, Ravi Kanbur, David M.Malone, Rohinton Medhora eds., *International Development. Ideas, Experience, and Prospects*, Oxford: Oxford University Press, 2014.

27. Paul Alexander Haslam, Jessica Schafer, Pierre Beaudet, eds., *Introduction to International Development. Approaches, Actors, and Issues*, Oxford: Oxford University Press, 2012.

28. Radika Desai, "Theories of Development," in Paul Alexander Haslam, Jessica Schafer, Pierre Beaudet eds., *Introduction to International Development. Approaches, Actors, and Issues*, Oxford: Oxford University Press, 2012, pp.45—67; Angus Maddison, *The World Economy. Volume 1: A Millennial Perspective and Volume 2: Historical Statistics*, Paris: OECD, 2006.

29. Arturo Escobar, *Encountering Development: The Making and Unmaking of the Third World*, Princeton: Princeton University Press, 1995; Gerhard Hauck, "Die Aktualität der 'großen' entwicklungstheoretischen Debatten der 1970er/1980er Jahre," in Franziska Müller, Elena Sondermann, Ingrid Wehr, Cord Jakobeit, Aram Ziai eds., *Entwicklungstheorien. Weltgesellschaftliche Transformationen, entwicklungspolitische Herausforderungen, theoretische Innovationen*, Baden-Baden: Nomos Verl.-Ges., 2014, pp. 352—380; Reinhart

Kößler，"Entwicklung：Zur Genealogie einer toten Metapher und den Folgen，Entwicklungstheorien，" in Franziska Müller，Elena Sondermann，Ingrid Wehr，Cord Jakobeit，Aram Ziai eds.，*Weltgesellschaftliche Transformationen*，*entwicklungspolitische Herausforderungen*，*theoretische Innovationen*，Baden-Baden：Nomos Verl.-Ges.，2014，pp.435—463.

30. Aram Ziai，"Post-Development-Ansätze：Konsequenzen für die Entwicklungstheorie，" in Franziska Müller，Elena Sondermann，Ingrid Wehr，Cord Jakobeit，Aram Ziai eds.，*Weltgesellschaftliche Transformationen*，*entwicklungspolitische Herausforderungen*，*theoretische Innovationen*，Baden-Baden：Nomos Verl.-Ges.，2014，pp.405—434.

31. Franziska Müller，Elena Sondermann，Ingrid Wehr，Cord Jakobeit，Aram Ziai eds.，*Entwicklungstheorien*. *Weltgesellschaftliche Transformationen*，*entwicklungspolitische Herausforderungen*，*theoretische Innovationen*，Baden-Baden：Nomos Verl.-Ges.，2014.

32. Lawrence Haddad，*Development Research*. *The Shape of Things to Come*，http：//www.theguardian.com/global-development-professionals-network/2013/aug/16/development-research-future-impact，访问时间：2015 年 1 月 22 日。

33. Guido Ashoff，Stephan Klingebiel，*Transformation of a Policy Area*：*Development Policy Is in A Systemic Crisis and Faces the Challenge of A More Complex System Environment*.

34. Dani Rodrik，*The Globalization Paradox*. *Democracy and the Future of the World Economy*，New York：W. W. Norton & Company，2011；Michael Spence，*The Next Convergence*. *The Future Of Economic Growth in A Multispeed World*，New York：Farrar，Straus and Giroux，2011.

35. Alastair Greig，David Hulme，Mark Turner，*Challenging Global Inequality*. *Development Theory and Practice in the 21st Century*，New York：Red Globe Press，2007.

36. Alex Evans，David Stevens，"Towards a Theory of Influence for Twenty-First Century Foreign Policy. Public Diplomacy in a Globalised World，" in Jolyon Welsh，Daniel Fearn eds.，*Engagement*. *Public Diplomacy in a Globalised World*，London：Foreign and Commommealth Office，2008，pp.44—61；Thomas Hale，David Held，Kevin Young，*Gridlock*. *Why Global Cooperation Is Failing When We Need It Most*，Cambridge：Polity，2013；Dirk Messner，Alejandro Guarín，Daniel Haun，*The Behavioural Dimensions of International Cooperation*（Global Cooperation Research Papers 1），Duisburg：Center for Global Cooperation，2013；Sebastian Paulo，*International Cooperation and Development*. *A Conceptual Overview*（Discussion Paper 13/2014），Bonn：German Development Institute，2014.

37. Inge Kaul，Pedro Conceicao，Katell Le Goulven，Ronald U. Mendoza，

Providing Global Public Goods. Managing Globalization, New York/Oxford: Oxford University Press, 2003; Jean-Michel Severino, Olivier Ray, *Death and Rebirth of a Global Public Policy*(Working Paper 167), Washington, D.C.: Center for Global Development, 2009.

38. Stephan Klingebiel, Mahn Timo, Negre Mario eds., *The Fragmentation of Aid: Concepts, Measurements and Implications for Development Cooperation*, Basingstoke: Palgrave Macmillan, 2016.

39. Jean-Michel Severino, Olivier Ray, *The End of ODA (II). The Birth of Hypercollective Action* (Working Paper 218), Washington, D. C.: Center for Global Development, 2010.

40. Kenneth W. Abott, Thomas Hale, *Orchestrating Global Solutions Networks. A Guide for Organizational Entrepreneurs*, http://ssrn.com/abstract = 2431956,访问时间:2015 年 2 月 20 日; Thomas Bagger, "Netzwerkpolitik. In einer veränderten Welt wachsen dem Auswärtigen Dienst neue Rollen zu," *Internationale Politik*, 2013, pp.44—50; Marianne Beisheim, Andrea Liese, *Transnational Partnerships. Effectively Providing for Sustainable Development?* Basingstoke: Palgrave Macmillan, 2014; Thomas Hale, David Held, Kevin Young, *Gridlock. Why Global Cooperation Is Failing When We Need It Most*, Cambridge: Polity, 2013。

41. Inge Kaul, *Global Public Goods. A Concept for Framing the Post-2015 Agenda?* (Discussion Paper 02/2013), Bonn: German Development Institute, 2013.

42. Kenneth W. Abott, Thomas Hale, *Orchestrating Global Solutions Networks. A Guide for Organizational Entrepreneurs*, http://ssrn.com/abstract = 2431956,访问时间:2015 年 2 月 20 日; Thomas Hale, David Held, Kevin Young, *Gridlock. Why Global Cooperation Is Failing When We Need It Most*, Cambridge: Polity, 2013; Stephan Klingebiel, Sebastian Paulo, *Orchestration: An Instrument for Implementing the Sustainable Development Goals*, Briefing Paper 14/2015, Bonn: German Development Institute, 2015。

43. Inge Kaul, *Global Public Goods. A Concept for Framing the Post-2015 Agenda?* (Discussion Paper 02/2013), Bonn: German Development Institute, 2013.

致　谢

笔者向如下组织深表谢意，它们允许我复制下列版权材料。

经济合作与发展组织（OECD）：Aid Effectiveness 2005—2010：Progress in Implementing the Paris Declaration，http://www.oecd.org/dac/effectiveness/48742718.pdf；DAC List of ODA Recipients Effective for reporting on 2012 and 2013 flows，http://www/oecd. org/dac/stats/DAC%20List%20used%20for5202012%20and5202013%20flows.pdf。

联合国：追踪记录联合国千年发展目标进展状况的"千年发展目标监测"（MDG Monitor），参见 http://www.mdgmonitor.org/browse_goal.cfm。

缩 略 语

AwZ(Ausschuss für wirtschafliche Zu-sammenarbeit und Entwicklung, Committee for Economic Cooperation and Development)德国经济合作与发展委员会

BMZ(Bundesministerium für wirtschaftliche Zusammenarbeit und Entwicklung, German Ministry for Economic Cooperation and Development)德国联邦经济合作与发展部

BMGF(Bill and Melinda Gates Foundation)盖茨基金会

CDI(Commitment to Development Index)发展承诺指数

CGD(Centre for Global Development)全球发展中心

CPA(Country Programmable Aid)可列入国家方案的援助项目

DAC(Development Assistance Committee)发展援助委员会

DEG(Deutsche Investitions-und Entwicklungsgesellschaft, German Investment and Development Company)德国投资与开发有限公司

DFID(Department for International Development)英国国际发展署

EAC(East African Community)东非共同体

EDF(European Development Fund)欧洲发展基金

EU(European Union)欧盟

FC(financial cooperation)金融合作

FDI(foreign direct investment)对外直接投资

G8(Group of Eight)八国集团

G20(Group of Twenty) 二十国集团

GDP(gross domestic product)国内生产总值

GDR(German Democratic Republic)德意志民主共和国

GIZ (Deutsche Gesellschaft für Internationale Zusammenarbeit, German International Cooperation Agency)德国国际合作机构

GNI(gross national income)国民总收入

GPG(global public goods)全球公共产品

GTZ(Deutsche Gesellschaft für Technische Zusammenarbeit, German Technical Cooperation Agency)德国技术合作公司

HIPC(heavily indebted poor country)重债穷国

HIV(human immunodeficiency virus)艾滋病

IMF(International Monetary Fund)国际货币基金组织

KfW(Kreditanstalt für Wiederaufbau, Reconstruction Credit Insitute; German government-owned development bank)德国复兴信贷银行

LDC(least developed country)欠发达国家

LIC(low-income country)低收入国家

MDGs(Millennium Development Goals)千年发展目标

M & E(monitoring and evaluation)监测和评估

MIC(middle-income country)中等收入国家

NGO(non-governmental organisation)非政府组织

OBA(output-based aid)产出导向型援助

ODA(Official Development Assistance)官方发展援助

OECD(Organisation for Economic Co-operation and Development)经济合作与发展组织

P4P(Pay for Performance)绩效薪酬

PFM(public financial management)公共财政管理

RBA(results-based aid)结果导向型援助

RBF(results-based financing)结果导向型融资

SADC(Southern African Development Community)南部非洲发展共同体

SDGs(Sustainable Development Goals)可持续发展目标

TC(technical cooperation)技术合作

UN(United Nations)联合国

UNDP(United Nations Development Programme)联合国开发计划署

目 录

第一章
何为发展合作？

发展合作是国际关系中相对较新的概念，直到第二次世界大战后才日渐变得重要。此后，发展合作的目的与动机已大不相同。除了追求自身经济政策、对外政策及其他利益中的短期目标、长期目标，援助者通常在帮助发展中国家方面有可辨认的真正兴趣。在联合国的千年发展目标中，国际社会所公认的有关全球目标的参照性架构，尤其在发展合作中发挥着重要作用。

概念、特点与规模

一般而言，发展合作有助于帮助国家努力取得社会与经济进步。但是，与发展中国家的所有合作形式都属于发展合作吗？事实上，最初是谁决定一国是否为发展中国家呢？何种合作形式应该被视为援助呢？何为商业合作？商业合作也会被视为发展合作吗？新的合作形式——像中国与非洲国家之间的合作——也被视为发展合作吗？

发展援助的援助者同意制定规则，特别是经济合作与发展组织的框架。经济合作与发展组织设有发展援助委员会（the Development Assistance Committee，DAC），负责与发展合作有关的诸项任务，即国际上所称的官方发展援助（Official Development Assistance，ODA）。经济合作与发展组织不仅考虑发展合作的适当标准,而且考虑发展合作与其他领域的差异。例如,经济合作与发展组织正在判断有关出口补贴的标准。出口补贴或许扭曲、阻碍了竞争。“发展合作”与“不必要的扭曲性竞争”(例如,由于出口补贴造成的)之间的联系成为有关发展合作安排的诸多争论的一部分。

经济合作与发展组织的发展援助委员会商定,如果国际援助被视为发展合作,那么它必须满足以下标准[1]:

● 援助必须用于发展中国家。发展中国家的名单每隔三年调整一次。这份名单基本上是基于通用的福祉指标“人均收入”(人均国民总收入)来划分的,并区分最贫穷国家和其他国家、两类中等收入国家。

尽管相对而言,大多数国家和地区属于哪一类别是明确的,但是一些例子总是不确定的。例如,卡塔尔、新加坡(直到1996年)、中国香港(直到1997年)、沙特阿拉伯(直到2008年)长期位列发展中国家或地区,葡萄牙、希腊、韩国等如今的“援助者”以往属于“受援者”(见表1.1)。总之,1970年以来,更多的国家不在“受援者之列”(在某种程度上由于苏联的解体)。[2]

● 援助必须有助于经济发展或生活水平的提高。尽管这一目标在某种程度上是模糊不清的,但是它清楚地表明这一概念并不包括军事援助或对上流社会的奢侈品供给。

● 援助必须包括赠予或优惠贷款。赠予被视为纯粹的捐赠(不以任何方式偿还),贷款则必须包含至少25%的赠予部分。相比于商业贷款,赠予部分以减免的方式落实(适当考虑贷款期限和利率)。

概念往往是难以理解的,在发展合作的背景下颇具政治敏感性。例如,一些争论多次涉及如下问题,即参加联合国在发展中国家的维和行动为何不属于发展合作的范畴(迄今为止与其有关的成本并不属于官方发展援助),或为何难民在援助国一些的膳宿开支有时被视为发展合作。

援助者对发展合作的统一定义感兴趣,因为这使其能够比较各种形式的援助。联合国所达成的国际协议、八国集团的政治承诺时常对富国施以政治压力,从而使其提供更多的发展援助。早在1970年达成的协议为工业化国家确定了一个颇有争议(并无约束力)的目标,即工业化国家将其国民总收入(GNI)的0.7%用于发展合作。因此,援助者有兴趣见到国际发展合作统计中尽可能多地记录自己的援助情况。

表1.1　发展援助委员会的官方发展援助之受援国列表

欠发达国家	其他低收入国家(2010年人均国民收入低于1 005美元)	中低收入国家和地区(2010年人均国民收入在1 006美元至3 975美元范围内)	中高收入国家和地区(2010年人均国民收入在3 976美元至12 275美元范围内)
阿富汗	肯尼亚	亚美尼亚	阿尔巴尼亚
安哥拉	朝　鲜	伯利兹城	阿尔及利亚
孟加拉国	吉尔吉斯斯坦	玻利维亚	安圭拉岛*
贝宁共和国	塔吉克斯坦	喀麦隆	安提瓜和巴布达
不　丹	津巴布韦	刚果共和国	阿根廷
布基纳法索		科特迪瓦	阿塞拜疆
布隆迪		埃　及	白俄罗斯
柬埔寨		萨尔瓦多	波黑共和国
中非共和国		斐　济	博茨瓦纳
乍得共和国		格鲁吉亚	巴西
科摩罗		加　纳	智　利
刚果民主共和国		危地马拉	中　国
吉布提		圭亚那	哥伦比亚
赤道几内亚		洪都拉斯	库克群岛
厄立特里亚		印　度	哥斯达黎加
埃塞俄比亚		印度尼西亚	古　巴
冈比亚		伊拉克	多米尼克
几内亚		科索沃[a]	多美尼加共和国
几内亚比绍		马绍尔群岛	厄瓜多尔
海　地		密克罗尼西亚联邦	马其顿
基里巴斯		摩尔多瓦	加　蓬
老　挝		蒙　古	格林纳达
莱索托		摩洛哥	伊　朗
利比里亚		尼加拉瓜	牙买加
马达加斯加		尼日利亚	约　旦
马拉维		巴基斯坦	哈萨克斯坦
马里共和国		巴布亚新几内亚	黎巴嫩
毛里塔尼亚		巴拉圭	利比亚
莫桑比克		菲律宾	马来西亚
缅　甸		斯里兰卡	马尔代夫
尼泊尔		斯威士兰	毛里求斯
尼日尔		叙利亚	墨西哥
卢旺达		托克劳*	黑山共和国

(续表)

欠发达国家	其他低收入国家（2010年人均国民收入低于1 005美元）	中低收入国家和地区（2010年人均国民收入在1 006美元至3 975美元范围内）	中高收入国家和地区（2010年人均国民收入在3 976美元至12 275美元范围内）
萨摩亚		汤加	蒙特色拉特*
		土库曼斯坦	
圣多美和普林西比		乌克兰	纳米比亚
塞内加尔		乌兹别克斯坦	瑙鲁
塞拉利昂		越南	纽埃
所罗门群岛		约旦河西岸和加沙地带	帕劳
索马里			巴拿马
南苏丹			秘鲁
苏丹			塞尔维亚
坦桑尼亚			塞舌尔
东帝汶			南非
多哥			圣赫勒拿*
图瓦卢			圣基茨和尼维斯
乌干达			圣卢西亚
瓦努阿图			圣文森特和格林纳丁斯
也门			苏里南
赞比亚			泰国
			突尼斯
			土耳其
			乌拉圭
			委内瑞拉
			瓦利斯和富图纳*

* 属地。

[a]这并无碍科索沃的国际法地位。

资料来源:OECD, *DAC Lists of ODA Recipents*: *Effective for Reporting on 2012 and 2013 Flows*, http://www.oecd.org/dac/stats/dac%20List%2used%20for202012%20and%202013%20flows.pdf.

发展合作的规模[3]

有许多方式决定、描述以及评价发展合作的规模。在评价援助者的贡献及这些资源对于发展中国家的重要性时,这些不同的视角是重要的。然而,“输入”问题仅是一个相关的方面,因为它最初并未详细说明所达到的效果。

2012年经济合作与发展组织发展援助委员会的援助者总共提供了

1 260亿美元的援助，这是该数据连续第二年下降。与援助国的经济实力相比较，这相当于国民总收入的0.29%。

美国仍是世界上发展援助方面最大的双边援助者（2012年援助额为305亿美元，占国民总收入的0.19%）。其后依次是英国（137亿美元，占国民总收入的0.56%）、德国（131亿美元，占国民总收入的0.38%）、法国（120亿美元，占国民总收入的0.45%）、日本（105亿美元，占国民总收入的0.17%）。然而，相对而言，大量中小规模的援助者更多地参与其中，特别是卢森堡、瑞典、挪威、丹麦、荷兰。其中一些国家的援助额超过其国民总收入的0.7%。另外，国际非政府组织每年提供150多亿美元援助。

当所有外部资金流动也被考虑在内时，从长远来看，私人资金流动对发展援助有着显著的影响，在大多数发展中国家超过了发展援助。尽管如此，发展援助对于发展中国家、特别是最贫穷国家而言仍是重要的，以满足其扶贫和改革项目的资金与实施的需要。在脆弱国家，发展援助或许是个重要手段，以消减国家崩溃的迹象。

援助者所提供的大多数发展援助流向了撒哈拉以南的非洲国家（2010年至2011年度，占37.9%[4]）；这一比例是以牺牲亚洲为代价而增加的，并考虑到许多亚洲国家相对强有力的经济活力。经济合作与发展组织发展援助委员会近10%（2011年为8.4%[5]）的发展援助是人道主义援助，用以解短期紧急情况的燃眉之急。

超过17%的援助（2010年）是以（部分）附带性条件的方式供给的，而且是照此记录的；在这些情况下，援助的提供受到如下影响，即受援者从援助者购买商品或服务的需求。由于没有国际竞争，附带条件性援助（tied aid）通常花费更多，而且可能比国际招标的援助更为劣质。由于与援助捆绑在一起，成本大概是15%至30%，在粮食援助中，这一成本大概比援助并无附带性条件时多出40%。[6]因此，为了促进发展，要求放弃援助附带条件的做法已长达数十年。官方指定的附带条件性援助（如在商品的情况下）与其他事实上的附带条件性援助相伴，如在技术援助中，伙伴国不能自由地就咨询服务进行招标。这种做法同样受到批评，因为它也不利于发展。[7]

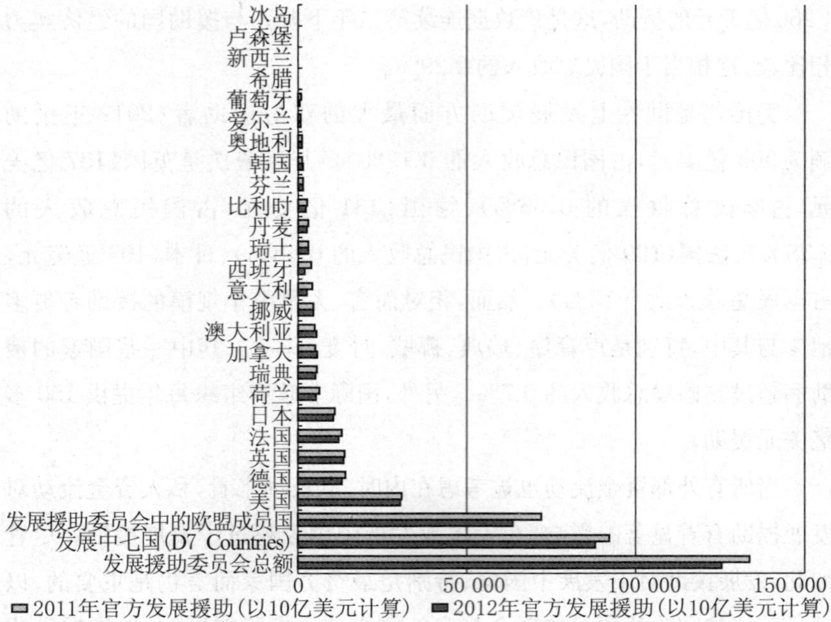

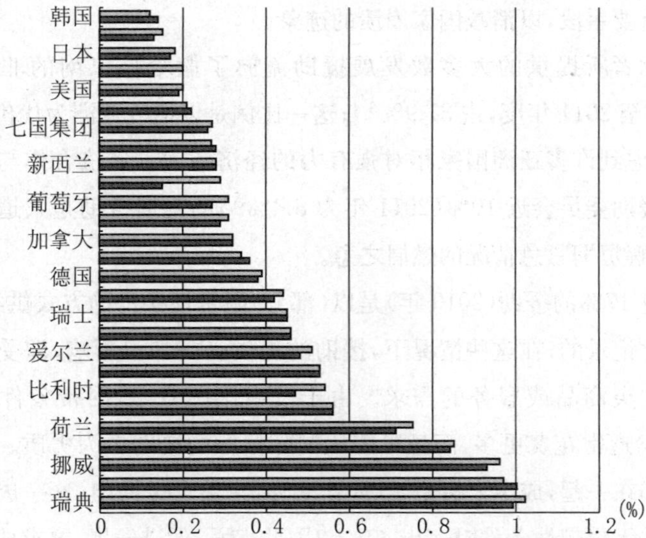

资料来源:作者自己编制,数据源自 BMZ, *Geber im Vergleich 2012-Veränderung gegenüber 2011*, http://www.bmz.de/de/ministerium/zahlem_fakten/Geber_im_Vergleich-Veraenderung_2012_gegenueber_2011.pdf。

图 1.1　2011—2012 年援助国表现

在某些情况下,债务(主要是出口信贷)减免或许也被视为发展援助。在过去20年中,这往往是一项重要手段,以减轻许多发展中国家在预算上分期偿还与利息的沉重负担——直到20世纪90年代末这仍然是一个严峻的问题。债务减免也备受批评,因为它们没有向那些需要发展的国家提供任何其他资源,反而减少了资源的外流。[8]

由发展中国家来看发展合作的重要性

对于不同的发展中国家来说,发展合作的重要性相差很大。尽管一些贫穷国家仍严重地依赖于发展合作,然而在某些方面,对于其他发展中国家而言,发展合作仅仅扮演着次要的角色。对发展合作的依赖通常

表 1.2　流向发展中国家的净资金(10 亿美元)

	%(1990 年)	10 亿美元(1990 年)	%(2000 年)	10 亿美元(2000 年)	%(2010 年,初步估算)	10 亿美元(2010 年,初步估算)
I. 所有发展中国家	100.00	129.0	100.00	274.2	100.00	1 267.2
(i) 私人流动资金	32.1	41.4	0.6	173.8	62.3	790.0
(对外直接投资)	(16.6)	(21.4)	(54.1)	(148.3)	(39.9)	(505.7)
(ii) 公共流动资金	45.5	58.7	8.2	22.6	12.4	158.3
(发展援助)	(25.7)	(33.2)	(10.3)	(28.3)	(0.07)	(89.0)
(iii) 移民的汇款	22.4	28.9	28.3	77.7	25.1	319.0
II. 中等收入国家	100.00	107.0	100.00	252.3	100.00	1 167.0
(i) 私人流动资金	37.9	40.6	67.9	171.4	66.1	772.1
(对外直接投资)	(19.3)	(20.7)	(57.7)	(145.5)	(41.9)	(488.8)
(ii) 公共流动资金	36.3	38.9	2.9	7.4	8.6	100.7
(发展援助)	(15.9)	(17.1)	(0.06)	(15.4)	(0.03)	(39.0)
(iii) 移民的汇款	25.7	27.5	29.1	73.6	25.2	294.2
	(25.7)					
III. 低收入国家	100.00	22.0	100.00	21.8	100.00	100.2
(i) 私人流动资金	3.6	0.8	11.4	2.5	17.8	17.9
(对外直接投资)	(0.03)	(0.7)	(12.8)	(2.8)	(16.9)	(16.9)
(ii) 公共流动资金	90	19.8	69.2	15.2	57.4	57.5
(发展援助)	(72.3)	(15.9)	(59.1)	(12.9)	(49.9)	(50.0)
(iii) 移民的汇款	6.4	1.4	18.8	4.1	24.8	24.8

资料来源:A.Adungna et al., *Finance for Development*: *Trends and Opportunities in a Changing Landscape*, CFP Working Paper No.8, Washington, DC: World Bank。

以如下方式来衡量,即发展援助与发展中国家经济实力的比率(援助/国民总收入),或按绝对价值计算的受援国中每位受援者接受的援助额(人均援助额)。在第一种方法中,发展合作的重要性很大程度上取决于受援国的经济实力。该国的经济实力越弱,那么该国越可能依赖于援助。另一个重要问题是,对于发展中国家而言,援助资源实际上是否是"可利用的"或"可规划的",或主要包括统计变量(如提供给发展中国家学生的大学学费)。[9]

如果将所有发展中国家考虑在内,那么援助与国民总收入的平均比率为 0.68%(2010 年)。[10]撒哈拉以南非洲的比率为 4.2%;大洋洲的比率为 13.2%,因而这远高于上述平均数。对于一些国家而言,这一数字高很多倍,在一些情况下超过 30%(例如,布隆迪为 39.8%,阿富汗为 34.4%)。例如,在撒哈拉以南的非洲,援助占一些国家的预算的比例超过 40%,高于其他地区的比例。从统计上来看,发展中国家的每人每年占 23.5 美元(2010 年)的援助资金(撒哈拉以南非洲的数字为 51.1 美元,大洋洲为 221.6 美元,巴勒斯坦为 60.70 美元)。

发展援助的原因:动机与利益

发展援助在国际关系中是个相对较新的概念,直到在第二次世界大战后才日渐变得重要。[11]各种事件、环境影响着发展援助的兴起:(1)经济危机与扭曲在两次世界大战期间的政治危机中起着决定性的作用,当经济危机的迹象显而易见时,它成为了积极行动背后的重要动力;(2)甚至当第二次世界大战仍在进行时,战争所导致的破坏尤其是在欧洲造成的破坏,显然使重建的巨大努力成为必要。世界银行(明确用于重建)、国际货币基金组织和联合国体系的筹建旨在设立适当的基金资助与政治论坛;(3)相似的是,1948 年美国提出的马歇尔计划意在帮助西欧克服战争所致的荒凉。马歇尔计划也反映了两个地缘政治集团之间的对抗。这一局面引发了全球性竞争,不仅体现在欧洲,而且特别体现在南方地区。

因而，发展合作必然被视为东西方冲突的产物。[12]直到柏林墙倒塌，冷战一直影响着发展援助。根据国家归属的阵营（东方还是西方），援助者以发展援助的前景惩罚或奖赏这些国家。对于联邦德国而言，有时发展援助的分配政策在某种程度上由其“德国政治”（Deutschland politik）也就是对德国的整体政策来决定，因为联邦德国会终止与那些与东德建立外交关系的国家的发展合作。

相似的是，其他援助国也将其发展援助用于其他对外政策目标。对于法国、英国等前殖民国家而言，发展合作是（某种程度上仍将是）维系与前殖民地特殊关系的一种手段。20 世纪 60 年代，大多数殖民地获得了独立。甚至在今天，许多援助者将很大部分的发展合作资源分配给其传统上有一定影响的地区。例如，比利时仍与其前殖民地（卢旺达、布隆迪及如今的刚果民主共和国）维系着特殊的发展关系。

东西方冲突结束以来，特别是由于最近的安全风险和威胁[13]，传统的对外政策目标已经与其他目标相结合。发展合作意味着促进一些国家和地区的稳定。在这些国家和地区中，仅仅是军事合作不足以确保对脆弱性的持久解决，这些国家和地区还需要努力以恢复国家地位（如阿富汗）。

除对外政策和安全政策之外，大多数援助者有兴趣以发展合作追求自己的经济目标。[14]获取及进口自然资源的传统目标也日渐重要，因为矿产、石油等资源越来越稀缺。发展合作的另一个动机或许是希望促进市场准入，因为发展合作有助于经济关系的发展。发展合作通常面临着商业界的压力。商业界希望将大部分援助用在援助国，或以订单的形式返还。这些成效能够经由附带条件性援助或其他方法（如选择援助国商界具有竞争优势的项目），以及与国内咨询机构订立合同的方式实现。然而就发展与经济而言，这些往往不利于伙伴国。

这些目标与其他动机相伴。援助者往往将允许被放逐者回国的意愿与发展合作联系在一起，从而试图将发展合作与移民、难民问题联系在一起。在某些情况下，援助者也利用发展合作追求长期的全球性目标，在气候变化领域尤其如此。尽管这一目标一般而言是国际上共有的，但伙伴国的观点引发的一个问题是，实际上用以"国家发展任务"的资源是否应该用以追求全球目标（如气候融资），或是否需要为此目标提供其他的资源来源。[15]这或许导致有关资源用以全球环境目标或国家发展措施方面更多的政治争论。

从长远来看，发展合作的目标和动机已有显著变化。除了符合自身利益的短期和长期目标，大多数援助者对利他性地支持伙伴国的发展进程有真正的兴趣。在这一背景下，发展合作的主要目标是伙伴国的减贫。

援助者有向发展中国家提供发展援助的意愿，这或许表明一项发展合作政策并非主要针对援助者自身的利益。大多数援助国所存在的对"利他型发展援助"的游说往往是社会中不应低估的一种力量。传统上，教会与其他民间社会团体从事发展活动。另一方面，当非政府组织为筹集资金进行游说时，它们很可能追求自己的利益。

发展合作的目的？

联合国的千年发展目标

在联合国的千年发展目标中，国际社会有一个公认的有关全球目标的参照性架构。2000 年，联合国提出了千年发展目标，联合国成员国也采纳了这一提案。此外，千年发展目标要求到 2015 年将生活在极端贫困的人数减半。千年发展目标包括营养、教育、卫生、性别平等、环境可持续性、全球发展伙伴建设领域等 8 项。

在发展中国家，联合国的千年发展目标往往成为政府与援助者达成共同目标的一个基础；千年发展目标有助于它们确定政治优先事项，并大大增强了有关一般公认的诸多目标的共识。[16]然而，这些目标有其缺陷。一方面，相对而言，这些目标是广泛的，并且雄心勃勃；另一方面，它们并没有涵盖所有相关的方面——例如善治或自然资源保护。联合国的千年发展目标对如下问题也没有说太多，即如何实现这些目标，或者这些目标对于具体国家或地区意味着什么。

表 1.3　联合国千年发展目标

目标 1:消灭极端饥饿与贫困 目标 1A:1990 年至 2015 年,每日收入不到 1 美元的人口比例减半 目标 1B:使妇女和青年等所有人实现富有成效的充分就业和体面工作 目标 1C:1990 年至 2015 年,挨饿的人口比例减半
目标 2:普及小学教育 目标 2A:确保到 2015 年所有地方的男孩与女孩能够完成小学教育全部课程
目标 3:促进性别平等并赋予妇女权力 目标 3A:最好到 2005 年在小学教育和中学教育中消除性别差异,不迟于 2015 年在各级教育中消除此差异
目标 4:降低儿童死亡率 目标 4A:1990 年至 2015 年 5 岁以下儿童的死亡率降低三分之二
目标 5:改善产妇保健 目标 5A:1990 年至 2015 年产妇死亡率降低四分之三
目标 6:抵御艾滋病病毒及其他疾病 目标 6A:到 2015 年遏止并开始扭转艾滋病毒/艾滋病的蔓延 目标 6B:到 2010 年向所有需要者普遍提供艾滋病毒/艾滋病治疗 目标 6C:到 2015 年遏止并开始扭转疟疾及其他主要疾病的发病率
目标 7:确保环境可持续性 目标 7A:将可持续发展原则纳入国家政策与计划;扭转环境资源的流失 目标 7B:减少生物多样性的丧失,到 2010 年显著降低丧失率 目标 7C:到 2015 年将无法持续获得安全饮用水和基本卫生设施的人口比例减半 目标 7D:到 2020 年使至少 1 亿贫民窟居民的生活显著改善
目标 8:建设全球发展伙伴关系 目标 8A:进一步发展开放的、以规则为基础的、可预见的、非歧视性的贸易和金融体系 目标 8B:满足最不发达国家的特殊需要 目标 8C:满足内陆发展中国家和小岛屿发展中国家的特殊需要(通过《小岛屿发展中国家可持续发展行动计划》及联合国大会第 22 次特别会议的成果) 目标 8D:通过国家和国际措施全面处理发展中国家的债务问题,以使债务可以长期持续承受 目标 8E:与制药公司合作,在发展中国家提供负担得起的基本药物 目标 8F:与私人部门合作,普及新技术、特别是信息和通信技术的利益

资料来源:MDG Monitor(s.a.), *Tracking the Millennium Development Goals: Browse by goal, an initiative of the United Nations*, http://www.mdgmoniter.org/browse_goal.cfm.

发展合作的可持续性

发展合作很大程度上是由可持续性原则所决定的。可持续性的目标是永久可行的架构;它排除了一种短视——忽视一项战略或项目所具有的一系列广泛影响。可持续性在四个不同层次上是必要的[17]。

(1) 财政可持续性需要项目与战略的长期融资。发展合作项目使新职业学校的建设成为必要。若计划(适当的预算)没有考虑到人员薪资及建设费用,那么这一发展合作项目从预算角度来看并非是可行的,因而是不可持续的。

(2) 计划可持续性:发展援助的捐赠使需要解决的问题实际上得到缓解了吗?一般而言,发展合作活动是非常有计划的,以至于长期而言这些活动无助于有效发展方面的进步。例如,促进国有企业的发展并不是消除供应瓶颈的适当手段。如果长期而言对这些企业的补贴是必要的,那么这或许会导致新的问题。

(3) 运营可持续性:如果偏远农村的新医院的位置非常没有吸引力,那么它或许会难以招聘到医务人员,其运营可持续性将会受到威胁。

(4) 生态可持续性:如果一个项目有损于自然资源(例如,对原始森林进行不适当的采伐),那么生态可持续性将不复存在。

遵循联合国千年发展目标的一项协议[18]

2012 年秋以来,国际社会已经采取了确立全球发展新议程的措施。其目的是在 2015 年后起草遵循联合国千年发展目标的一项协议。许多东西仍不清楚。例如,如下问题仍有待于观察,即许多国家是否能够达成广泛的共识,或是否仅有一个“意愿联盟”(coalition of the willing)支持一项联合国千年发展目标之后的文件。联合国秘书长潘基文成立了一个高级别国际顾问小组,为发展新议程草拟建议。顾问小组将在下次千年发展目标峰会上提交对新的目标体系的建议,这一峰会在 2013 年 9 月联合国大会期间举行。

关于联合国千年发展目标之后新协议的争论实质各不相同。例如,最初的千年发展目标是否需要简单改进?或者该是设计全新框架的时候了吗?谈判进程应该采取何种形式呢?所有国家——例如,向来批评联合国千年发展目标的美国、新兴经济体——真的会对发展新议程感兴趣吗?以何种资源与工具实现新的目标呢?

鉴于多次争论与艰难磋商的可能性,在此需要列举出重要的议题来。在这一进程中,三项挑战必须予以考虑。

1. 将贫困与环境议程联系在一起:仅当发展是可持续的并尊重地球

的极限时,全球减贫与社会进步才能够实现。鉴于此,“里约+20”峰会(the Rio+20 Summit,2012年夏)设立了一个专家组以界定可持续发展目标(SDGs)。跟往常一样,这在联合国内设立了平行架构。该专家组的任务与千年发展目标专家组的任务相重叠。这一重叠背后是传统减贫议程的目标与可持续发展议程的目标之间的冲突,后者可回溯到20世纪80年代。对于减贫而言,经济增长与社会安全体系是必要的,这些与日益增多的自然资源消费有关,而生态可持续性适应了对地球极限的尊重。诸多目标之间的冲突往往难以解决,然而许多声明和方法试图建立起可持续发展与减贫之间良好的关系。例如,从“包容性绿色增长”(inclusive green growth)的诸多倡议来看,这是显而易见的。因而,对于2015年后的谈判而言,至关重要的是有关各方把握机遇,将联合国的千年发展目标和可持续发展目标这两个议程结合起来。

2. 若无新兴经济体,则无有价值的“全球框架”:任何全球协议必须有一个广泛共识的支撑。对于2015年后的进程而言,中国、印度尼西亚、巴西(以及其他国家)等新兴经济体不仅参与了早期的讨论与磋商,而且在进程安排中也扮演着积极的角色,这一点是必不可少的。否则,全球新目标不会被广泛接受,而且也将难以被采纳。因而,磋商过程必须考虑新观念、关切和视角。在很大程度上仍不清楚的是,这些国家是否真正意识到2015年议程的必要性,因而对2015年后议程的准备工作而言,重要的是对话(正式磋商、公开讨论等)应该基于全球发展目标的目的、好处与形式在所有层次上展开。

3. 援助重点太窄:以发展合作的方式帮助发展中国家总是确保实现联合国千年发展目标的一项重要手段。千年发展目标对于许多发展中国家与脆弱国家而言是重要的,在许多情况下确实至为关键。由此,有关援助有效性(aid effectiveness)的争论仍是个热门话题。然而,发展中国家有赖于发展援助的形象越来越不真实了。如果2015年后的方法是全球性的,那么应该明确的是,发展合作仅是这种全球性方法的一部分。甚至贫穷的发展中国家自己都以其税收等方式为其发展努力提供资金。例如,如何组织国际金融市场,使其尽可能地有助于发展,并且在失败时不会造成严重破坏?这不仅仅符合经济合作与发展组织成员国的利益。在这一背景下所需要的是创新性方法,而且它们尤其可以在欧盟层次上加以推进。欧洲的一项重大贡献或许是,欧盟寻求在有助于发展的各种政策领域(例如,国际资本流动)创建国际机制。

注 释

1. 参见经济合作与发展组织发展援助委员会的汇编,参见 OECD/DAC, Development Cooperation Report 2012, Paris: OECD, p.289。

2. 参见 OECD/DAC, Development Cooperation Report 2011:50th anniversary edition, Paris: OECD, 2011。

3. 关于本章中发展合作的数据,参见 OECD/DAC, Development cooperation report 2012, Paris: OECD, 2012, http://www. oecd. org. dac. stats/aidtopoorcountriesslipsfurtherasgovernmentstightenbudgets. htm,访问时间:2013 年 5 月14 日。

4. 数据源自 http://www.oecd.org/dac/aidstatistics/statisticsonsourceflowstodevelopingcountires.htm,访问时间:2013 年 1 月 17 日。

5. 数据源自 http://www.oecd.org/dac/aidstatistics/statisticsonsourceflowstodevelopingcountires.htm,访问时间:2013 年 1 月 17 日。

6. E. J. Clay, M. Geddes, L. Natali, *Untying Aid: Is It Working? An Evaluation of the Implementation of the Paris Declaration and of the 2001 DAC Recommendation of Untying ODA to the LDCs*, Copenhagen: Danish Institute for International Studies, 2009.

7. 例如,Actionaid, *Read Aid: Ending Aid Dependency*, London: Actionaid, 2011; E. J. Clay, M. Geddes, L. Natali, *Untying Aid: Is It Working? An Evaluation of the Implementation of the Paris Declaration and of the 2001 DAC Recommendation of Untying ODA to the LDCs*, Copenhagen:Danish Institute for International Studies, 2009, p.viii。

8. 例如,Actionaid, *Read Aid: Ending Aid Dependency*, London: Actionaid, 2011。

9. 参见经济合作与发展组织发展援助委员会的概念,OECD/DAC, Development Cooperation report 2012, Paris: OECD, p.188。按照经济合作与发展组织发展援助委员会的分类,2010 年 57%的双边援助属于"可设计"(programmable)的范畴。

10. 概述可参见 S. Klingebiel, "Wirksamkeit und Absorptionsfähigkeit der Partnerländer," in J. Faust, S. Neubert eds., *Wirksamere Entwicklungspolitic: Befunde, Reformen, Instrumente*, Baden-Baden: Nomos, 2010, pp.289—304; 数字可参见 OECD/DAC, Development Cooperation report 2011: 50th anniver-

sary edition，Paris：OECD，2011；OECD/DAC，Development cooperation report 2012，Paris：OECD，2012。

11. B. Keely，*From Aid to Development*：*the Global Fight Against Poverty*，*OECD Insights*，OECD Publishing，p.68，http://www.oecd-ilibrary.org/docserver/download/o1111o1e.pdf?expires = 1368693106&id = id&accname = guest&checksum = 91DC6512D1C710B3C8A3792177DCD28D，访问时间：2013 年 1 月 7 日；F. Nuscheler，*Entwicklungspolitik*，Bonn：Bundeszentrale für politische Bildung，2006，p.26；H. Ihne，J.H. Wilhelm，"Grundlagen der Entwicklungspolitik，" in H. Ihne，J. H. Wilhelm eds.，*Einführung in die Entwicklungspolitik*，Münster：LIT Verlag，2006，p.6。

12. F. Nuscheler，*Entwicklungspolitik*.

13. S. Klingebiel，"Converging the Role of Development Policy and Security Policy? New Approaches in Africa，" in S. Klingebiel eds.，*New Interfaces between Security and Development*：*Changing Concepts and Approaches*，Study 13，Bonn：Deutsches Institut für Entwicklungspolitik/German Development Institute(DIE)，2006，pp.127—145.

14. H. Sangmeister，A. Schönstedt，*Entwicklungszusammenarbeit im 21. Jahrhundert*，Baden-Baden：Nomos，2010；F.Nuscheler，*Entwicklungspolitik*，Bonn：Bundeszentrale für politische Bildung，2006.

15. 参见 I. Kaul，*Global Public Goods*：*A Concept for Framing the Post-2015 Agenda*?，Discussion Paper 2，Bonn：Deutsches Institut(DIE)，2013。

16. 参见 European Report on Development(ERD)，*Post 2015*：*Global Action for an Inclusive and Sustainable Future*，Brussels：Overseas Development Institute (ODI)/Deutsches Institut für Entwicklungspolitik/German Development Institute (DIE)/European Centre for Development Policy Management(ECDPM)。

17. 参见 P. S. Heller，*Rethinking the World of Aid in the Twenty First Century*，Helsinki：UNU-WIDER，2011。

18. 此部分基于笔者等人 2012 年发表的观点，并有所补充，参见 H. Janus，S. Klingebiel，Die Post-2015 Entwicklungsagenda：Erster Spatenstivch für eine neue globale Entwicklungsagenda，Kolumne vom 10.09.2012，Bonn：Deutschs Institut für Entwicklungspolitik/German Development Institute(DIE)。

第二章
发展合作的行为体：诸多新援助者

许多援助者参与发展合作。传统援助者（德国、法国、美国等）组成的经济合作与发展组织发展援助委员会，正由不断增多的“新兴援助者”（中国、巴西等）所补充着。传统援助者与新兴援助者之间的差异体现在有关双边和多边发展合作之间发展政策的争论上。这表明，这一合作的某些特征或许因援助者是否是单个国家（双边）或是国际制度（多边）而有所不同。

“传统援助者”—“新兴援助者”

许多援助者提供了发展合作。一般而言，根据所采用的模式，援助国可以被分为三类[1]。

1. 传统援助者一起组建了经济合作与发展组织发展援助委员会。发展援助委员会有24个成员（包括德国、法国、英国、日本、美国在内的23个国家与欧盟委员会）；世界银行、国际货币基金组织、联合国开发计划署（UNDP）是观察员。发展援助委员会仍将被视为“传统援助者”（韩国除外，因为韩国直到2010年才成为其成员）的委员会，它提供了70%—90%的全球发展合作资金。发展援助委员会也是记录发展合作方面捐赠（统计等）、标准（也即关于概念、标准等的共识）的一个重要论坛。它也界定了“有效援助”的标准，因此试图弱化发展合作对其他政策（对外贸易利益、安全政策与对外政策目标等）的工具化。

2. 20世纪70年代以来，阿拉伯援助者一直参与发展合作，因此从狭义上来看，它们并不是“新兴援助者”。阿拉伯援助者包括科威特、沙特阿拉伯、阿联酋。这三个国家大概占阿拉伯发展援助的90%多。[2]相比于其经济实力，有时阿拉伯援助者提供了相当多的发展援助（多达国民生产总值的1.5%）。传统上，其他阿拉伯国家是这一援助的主要受益者，尽管撒哈拉以南非洲日益得到阿拉伯援助者的支持。

3. “新兴援助者”包括中国、印度、巴西、智利、委内瑞拉、墨西哥、南非。新兴援助者与发展中国家的合作通常被称为“南南合作”，反映着一种横向合作关系（而非纵向的传统南北合作）。新兴援助者与传统援助者的另一重要差异是对发展的不同理解[3]，即它们在政治事务上有意保持着克制（不干预原则）。新兴援助者往往强调合作的互利。新兴援助者更强调经济利益，而且与商业工具的联系往往是个明确的目标（然而发展援助委员会的援助者力图避免将发展与对外贸易利益混合在一起）。新兴援助者往往更偏爱基础设施项目方面的合作（交通基础设施、能源项目、外交部等公共建筑，等等）；安哥拉、尼日利亚、苏丹等资源丰富的国家作为合作伙伴起着重要作用。

除了政府性援助的援助者之外，许多非政府组织或私人援助者也参与发展合作。大量国际非政府组织参与发展合作、人道主义援助。它们借助公共捐赠与私人捐款或成员的捐赠而开展活动。乐施会（Oxfam）、美国赈济合作社（Cooperative for American Relief Everywhere，CARE）、德国农业行动组织（German Agro Action）是其中一些主要的国际非政府组织。

20世纪90年代以来，越来越多的私人基金会（慈善捐赠）开始在发展合作领域兴起。它们主要以捐赠基金开展活动。与此同时，私人基金会的活动占重要的比例，大概相当于发展援助委员会援助者捐赠的6%—8%。比尔·盖茨和梅琳达·盖茨基金会（BMGF）是目前最大的私人基金会，其经费为23亿美元，轻松超过芬兰、葡萄牙等一些小援助国[4]。

德国发展合作:意义、制度与工具

德国是世界上重要的双边援助者之一。2012 年德国发展援助的金额为 131 亿美元,在经济合作与发展组织发展援助委员会的援助者中仅次于美国和英国。德国的发展援助占其国家经济实力的 0.38%,高于发展援助委员会援助者的平均数(0.29%),但是低于欧盟成员国的平均数。[5]德国将其几乎三分之二的资源以双边方式提供给伙伴国。超过三分之一的德国发展援助是由欧盟的诸多机构、世界银行集团、联合国计划与各署等多边机构所提供的。[6]

相比于许多其他援助国,在德国政府内,发展合作处于更有利的位置,因为德国发展合作有专门的部门负责。[7]1961 年,德国成立了经济合作与发展部(the Federal Ministry for Economic Cooperation and Development, BMZ),隶属内阁,因此,一般而言,更有利于将发展议题纳入德国国内政策和对外政策的争论之中。德国经济合作与发展部的实际实力取决于一系列广泛的因素,如其他部门(外交部、国防部)与压力集团的利益。一个独立的有关发展的政府部门是否应该继续存在一再成为德国政治争论中的主题。在德国联邦议院(the Bundestag)中,一个特别委员会(经济合作与发展委员会,AWZ)考量发展议题,这个委员会是经济合作与发展部在议会中的对应机构。

直到近来,德国发展合作有一个极为分化的实施体系,通常被视为在国际层次上是难以处理的、碎片化的。德国经济合作与发展部的政治管理能力相当程度地聚焦在德国体系的内部协调上。[8]德国实施体系的特点是金融合作领域中德国复兴信贷银行集团的发展银行(KfW Development Bank)[9]以及大量技术合作机构。除了先前的德国技术合作协会(German Society for Technical Cooperation),这些机构专门安排发展援助志愿者,组织培训发展中国家技术专家的课程。由于技术合作组织的合并,2011 年以来仅仅存在一个机构:德国国际合作协会(German Society for International Cooperation)。德国复兴信贷银行集团的发展银行仍然代表德国经济合作与发展部参与金融合作。技术合作改革意在克服以往发展合作实施机构相对于德国经济合作与发展部的主导地位以及德国发展合作在伙伴国碎片化的实施情况。与此同时,随着德国大使馆中发展专家的增多,在 2009 年德国联合政府的协定之下,德国发展合作在伙伴国的分权日渐增多。过去,这种分权是有限的。

像其他双边援助者一样，德国改善其关注点，以增加发展合作的有效性。未来，德国发展合作将关注数量更少的伙伴国（57个）与重点领域（11个）。在每个伙伴国，德国提供支持的重点领域将不超过3个。[10]

在援助分配过程中，德国经济合作与发展部将如下标准用于伙伴国的选择[11]：

● 国家有多贫穷？

● 我们能够通过合作保护气候、世界卫生与和平等诸如此类的公共产品吗？

● 政府追求实施一项有利于发展的政策吗？政府意图推进改革吗？

● 相比于其他援助者，德国能为这个国家附加什么价值？

● 德国与这个国家维系着历史与政治关系吗？

尽管德国为能够更加战略性地协调发展合作付出了各种努力，但是2010年发展援助委员会同行评议（peer review）呼吁进一步澄清某些领域的概念（如双边发展援助与多边发展援助的分配）。在技术合作问题的解决上，它也批评援助国没有采取足够的措施提高援助有效性，因为技术合作往往因直接拨款（direct allocation）而受阻。

双边、多边发展合作

在实践中，明确区分双边发展合作与多边发展合作往往是不可能的，因为存在着各种中间形式（intermediate forms）与具体形式，特别是欧盟诸多机构所参与的合作不同于多边发展合作。

近年来，有关多边发展合作体系的问题还在讨论中。在此背景下，两个争论在某种程度上是相重叠的。第一，援助国日益对多边机构的新分析与评价感兴趣。经济合作与发展组织发展援助委员会大约一半的成员定期评议双边与多边发展合作的平衡[12]，这些调查影响着援助者的决策过程。

第二，发展合作体系的特点是不同类型的行为体日益增多的长期趋势[13]，如私人行为体（特别是基金会）、新兴援助者（中国、印度、墨西哥等）、多边融资机制。日渐增多的行为体被视为发展合作体系碎片化、处于不利地位的部分原因,除此之外,较高的交易成本导致的效率损失也是一个因素。2004 年至 2009 年,80%的低收入国家所接受的援助有所增加,在一些情况下增加 50%以上[14]。一些专家[15]将多边行为体的数量过多视为发展合作体系碎片化的一个主要原因,然而其他分析发现了相反的趋势:总体而言,多边发展合作更加集中,因而相比于双边援助国,多边体系不太为体系碎片化负有责任。

差异与中间形式

双边发展合作与多边发展合作之间的差异之一是发展援助供给方面的根本区别。这表明,发展合作的某些特征取决于援助者是单个国家(双边发展合作)还是国际制度(多边发展合作)。

多边发展合作是基于如下假设的,即援助者的各种捐赠汇集在一起,成为有关国际制度所提供的援助中的一部分。[16]然而在实践中,总是明确地区分双边发展合作与多边发展合作是不可能的,因为存在着各种中间形式和具体形式、欧盟参与的发展合作,以及国际协议。国际协议安排了部门或地区配额,甚至对双边发展合作而言也是如此。[17]

就对多边机构(包括欧盟)的重要捐助而言,经济合作与发展组织发展援助委员会的援助者以多边形式提供的援助几乎占其发展援助的 30%(2011 年为 27%,即 376 亿美元);过去这一比例有时更高(2001 年为 33%)。[18]发展援助委员会成员国所提供的多边援助金额差异很大。世界上最大的发展援助者美国迄今为止对多边机构的援助份额所占的比例最小(2011 年为 11.5%),意大利的比例最高(56.7%),德国处于“中上等”之列,为 34.4%。[19]

近年来,以多边渠道流动的资金大幅增加,但是专用于特定部门或国家。在一些情况中,援助者有以此方式资助的非常具体的——甚至很小的——项目。因而,诸如此类的资金并不是“真正的”多边资源,不是对国际制度的核心捐赠(“多边发展合作的双边化”),而是经由多边机制支出的。这一“多边—双边融资”(multi-bi financing)目前占全部发展融资的 12%(2011 年为 165 亿美元),并快速增加。[20]相比于核心捐赠的形式,澳大利亚、加拿大、美国等援助者以这种方式提供更多的资金。多边—双边发展融资也有相当大的缺点，超过了任何优点（试用一些方法等），就一个单一援助者所提供的非核心捐赠（non-core contributions）（单个信托基金）而言尤其如此。这有别于许多援助者所提供的非核心融资（non-core financing）（多边援助信托基金）。非核心捐赠增加了交易成本，而且破坏了多边机构的治理架构，因而它们或许会“冲淡”其使命，因为这鼓励捐助者接受所有任务。[21]

在多边发展合作中，“新兴援助者”在其行为方面各不相同。不属于发展援助委员会的欧盟成员国通常并没有任何自己的实施架构，也通过欧盟提供相对较多的发展援助。俄罗斯、巴西特别倾向于使用区域机制，而中国、印度偏爱双边方法。[22]

多边发展合作行为体

就其意义、任务、区域或部门组合而言，多边发展合作行为体各有不同。关于援助额，欧盟诸机构、发展银行（国际开发协会，IDA）、地区银行（如非洲开发银行）所提供的发展援助占首要地位。一些行为体在全球范围内开展活动，然而其他行为体聚焦于一个特定的地区。全球抗击艾滋病、结核和疟疾基金是个“纵向”基金会，是最重要的多边行为体之一。在多边层次上，至少在重要部门，发展融资（发展银行）和技术合作（联合国各项基金与方案）共同分担发展合作任务。

即使在大概210个组织、基金与信托基金中[23]，多边发展合作行为体的数量是相当多的，但可以看出主要集中于对5个主要行为体或数组行为体。这些行为体占发展援助委员会成员国所有用于多边发展合作的资源的81%（2006年至2010年的平均数）[24]：

- 欧洲发展基金（EDF）、欧盟的发展合作预算（36%）；
- 国际开发协会，属于世界银行集团（22%）；
- 联合国各项基金与方案（9%）；
- 亚洲开发银行、非洲开发银行（分别占3%、5%）；
- 全球抗击艾滋病、结核和疟疾基金（7%）；
- 其他多边机构仅占多边发展合作总额的19%。

欧盟的具体角色

欧盟诸机构借助欧洲发展基金(the European Development Fund)与欧洲预算(the European budget)的资金参与发展合作。欧盟诸机构的发展合作相当于经济合作与发展组织发展援助委员会中的欧盟成员国所提供的所有发展援助的18%左右,致使欧盟委员会成为欧盟最大的援助者。[25]2010年欧盟诸机构所提供的发展援助达130亿美元;经济合作与发展组织发展援助委员会的欧盟成员国提供的发展援助总共占发展援助委员会的全球总额的一半以上(2010年为55%)。[26]

作为一个超国家的援助者,欧盟是个特例,只在非常有限的程度上属于"多边发展合作"的范畴。[27]欧盟是经济合作与发展组织发展援助委员会中执行三重功能的唯一成员:(1)欧盟本身向发展中国家提供发展援助;(2)欧盟也向多边机构提供援助,将相关的资源转交给多边机构;(3)欧盟在其成员国与欧盟委员会之间起着促进作用,因其协调多边机构与伙伴国的方法。一般而言,欧盟的发展合作不应包括在多边发展合作中,而应被视为"集体性双边主义"(collective bilateralism)。[28]如果这些援助国确定了向多边机构所提供的发展援助的上限[29],这种分类或许有所帮助。

对欧盟而言,发展合作中的"互补性"(complementarity)在数个方面都是个问题。[30]最令人关注的是欧盟与其成员国之间的互补性。《马斯特里赫特条约》提供了欧盟诸机构的政策,以补充其成员国的政策。《里斯本条约》进一步提升了欧盟作为一个独立援助者的重要性。目前,欧盟及其成员国的政策是相互补充的("共有的相似能力")。另一个重要且越来越具争议的问题是许多成员国的发展合作的互补性。

20世纪90年代末以来,许多改革极大地提高了欧盟诸机构联合发展合作的有效性。[31]欧盟及其成员国在协调欧洲发展合作方面面临着更多的重大挑战。这些挑战是2007年有关分工的行为准则以及为引入联合项目提出的倡议的目标。[32]

多边发展合作:优缺点

援助国认为双边合作有各种各样的优点。例如在主题领域、国家选择上，援助者能够更为直接地决定援助的组合。这使援助在国内（对议会、大众等而言）、在伙伴国都是看得见、摸得着的。相似的是，援助者能够更加直接地通过双边发展合作来追求自身任何利益，比如直接或间接地对本国企业进行优先安排，或在援助国对外政策框架下用发展合作制裁伙伴国；直接的自身利益往往降低发展合作的收益，然而这些收益实际上正是发展合作所追求的。双边援助者时常也认为，相比于多边行为体，它们有能力更快地、更灵活地、更不官僚地采取行动[33]，瑞士、德国等一些援助者设定了多边发展合作数额的上限，以此推进双边合作。[34]

多边发展合作也有其他真实或假定的优点、缺点。在某些方面，伙伴国政府有更好的手段参与和多边合作相关的决策过程，因为它们往往在监督机构派有代表（例如，联合国诸项基金和方案）。这增加了发展合作在伙伴国的合法性。[35]由于单个援助国的自身利益远没有被清晰地表达出来，因而多边发展合作被视为不那么“政治化”，不太是以利益为导向的。各种研究表明，多边机构与发展合作或许也有助于支持伙伴国的民主化进程，例如加强少数族群的权利。[36]

资源的集中也使更大的任务成为可能，因而减少了零散方法（“项目”）的风险，因为更大的任务会使双边援助者负担过重。此外，相比于双边发展合作，更大的任务（例如，在脆弱国家）能够更好地通过社区实施，而且“援助孤儿”（aid orphans）的风险也会下降，因为多边机制实现了发展援助在各国之间更为均衡的扩散。[37]多边行为体在其所执行的一些任务方面也有别于双边行为体。例如，一些联合国机构具有设定国际标准的重要功能，然而双边行为体无法执行这一功能。[38]就欧盟机构而言，一个核心论点是，它们不仅是另一个欧洲援助者，而且对于欧洲发展体系而言，它们日渐发挥着协调作用。[39]

除了上述诸多方面之外，其中一些在 20 世纪六七十年代已讨论过，另外一些问题也日渐重要。

1. 援助有效性与伙伴国的视角。双边或多边发展合作是否有一些优点或缺点，应该从伙伴国的角度来考虑和评价，因而是就“有效性”而言的。[40]一般而言，如果一个碎片化的发展合作体系对于伙伴国而言是不利的（高交易成本、有限透明、过高的管理费用等），那么问题主要不是“双边和/或多边发展合作”（如过去那样），而是援助者的供应架构是否适当。因此，关注“双边”或“多边”的作用是有限的：其他方面（如援助方式、利用国家体系的机会等）起着重要的作用。

因此，多边发展合作或进一步的多边化能够解释为是有助于实施援助有效性议程的。[41] 多边机构所供给的发展援助促成了效率提高（程序得以合理化，资源得以集中等）；研究成果大体上也表明，多边机制有助于资源的有效使用。

2. “新的认知度”（visibility）。鉴于国家层次上所采用的新方法（更强调多方援助者的部门对话等）以及新近有关伙伴国项目融资的发展合作方法（资源集中的安排、预算支持等），问题是目前不断变化的双边发展合作形式是否更具可见性，如人们所认为的那样。在对其发展援助捐赠的评价中，伙伴国政府与在伙伴国有代表的援助者更密切地关注发展受到的影响及其对伙伴国国内进程的融入[42]，不太强调是哪个援助国的捐赠。因而，可归属于一个具体援助国的项目退居幕后，甚至被视为不利于发展（扭曲了责任架构）。在某些情况下，相比于典型的、显而易见的双边项目，伙伴国高水平的认知度更可能通过预算支持及对项目融资的其他捐赠方式得以实现。对于认知度而言，对现场对话进程的参与越来越重要。那么，总而言之，双边发展合作的经典观点——在伙伴国中获得更高的认知度——的重要性日趋下降。

3. 国别与部门的分工。在援助有效性的争论背景下，援助者之间的分工是非常重要的。双边援助者对国别的热切关注正导致双边援助者的数量及许多伙伴国（“困难国家”的数量不成比例）的发展援助数额下降，然而大的多边行为体至少有意要继续维系一个广泛的代表网络（多边发展合作作为“最后解决措施的援助者”）。例如，英国国际发展部（DFID）目前仅与 28 个国家合作[43]，而欧盟在大概 150 个国家开展活动。[44]

4. 全球公共产品。发展合作所处的背景飞速变化。过去，发展挑战特别是从国家层次上进行审视的。鉴于许多问题（安全、气候变化的影响、移民、粮食安全等）的跨境维度，仅从国家层次上考虑这些问题不再合适。发展任务越来越多地被认为与公共产品的供给相关。[45] 当涉及参与全球和区域公共产品的供给时，多边行为体具有一些优势。相比于单个国家，它们更可能应对集体行动所造成的诸多困境，每个多边行为体都有自己的处理方法。

5. 规范与标准。联合国千年发展目标、援助有效性的议程证实了，全球、区域、国家政策（伙伴国、援助者等）的国际规范和标准只能由多边行为体来制定。这些规范和标准的普遍合法性意味着仅仅多边组织有能力做到这一点。

多边发展合作的有效性

有两种方法能够被用以评价多边发展合作：第一，对多边发展合作体系或多边机构精准的绩效分析；第二，经济合作与发展组织过去所确定的指标，以及多边发展合作可行性的指标。

大概在过去5年至10年中，国际社会作出了更多的努力，致力于更系统地评价援助者的效率——在某些方面特指多边机构。最重要的分析包括如下方面：

● 对《巴黎宣言》（the Paris Declaration）的评价，意在评估援助有效性的指标。然而，伍德（Wood）等人最全面的研究也没有涵盖欧盟、国际开发协会的发展援助。[46]

● 自2002年以来，由16个援助者所支持的网络（多边组织绩效评价网络，Multilateral Organisation Performance Assessment Newwork，MOPAN[47]）对多边援助的有效性进行联合评价，该网络每年完成4项至6项联合分析。[48]

● 官方发展援助评价的质量（the Quality of Official Development Assistance Assessment，QuODA）总共涵盖31个双边与多边援助者。[49]

● 援助者对多边体系的研究，如2011年英国国际发展部所开展的多边援助评议（the Multilateral Aid Review）；澳大利亚、荷兰与瑞典也开展了相似的研究。[50]不像多边组织绩效评价网络那样，单个援助者所开展的诸多分析有所不同，因为援助者的不同偏好对研究状况有相当大的影响（援助者的优先事项并不同于多边机构）。

● 有关个别行为体的报告（例如，对欧盟的报告[51]）。

尽管现有的研究不少，对双边、多边发展合作的质量，研究者仅仅进行了有限的概括,这是由于援助者(双边与多边)种类广泛,以及他们所采用的研究方法截然不同。

尽管如此,大多数研究,表明多边发展合作总体上是令人满意的。例如,官方发展援助评价的质量显示,一般而言,多边发展合作在所涉及的4项质量维度的3项中的表现好于双边发展合作。[52]其他研究也认可这些评价。[53]

对多边发展合作效率的研究如何以及在多大程度上实际影响着援助者的分配决策,这一问题并未得到满意的评价。对经济合作与发展组织发展援助委员会的援助者的考察表明,对其自身绩效的分析是分配决策的重要基础之一。[54]

欧盟公众认为,相比于双边项目,多边组织的绩效相当不错。因此,相比于双边方法[55],27个国家中有26国的公众更看重国际组织的质量。对于美国,研究[56]表明,尽管公众意识到多边发展合作的有效性问题,但是他们对其的支持是有限的。在委托—代理模式的援助中,其原因在于资源(例如,作为代理者的世界银行)的高效与有效使用同委托者(在这种情况下为美国)无法进行控制之间的基本目标冲突。换言之,不管对多边体系权力的合理假设如何,控制机会的丧失或许会导致多边方法仅仅获得有限支持。

绩效指标

过去,一系列广泛(占主导地位)的输入指标(input indicators)被用于评价援助者和研究。它们包括全部官方发展援助、与区域和收入相关的部门分配指标、工具的分配(distribution to instruments),以及分配类型(人道主义援助、附带条件性援助等的比例)。

此外,经济合作与发展组织最近的数据涉及如下定量与定性的诸多方面。

1. 可列入国家方案的援助(Country Programmable Aid, CPA)考虑到如下批评,即伙伴国几乎无法控制官方发展援助等许多捐赠。援助国为发展中国家国民所提供的"学费"等诸如此类的捐赠项目不能由受援国"自行安排",或仅仅在一定程度上可由受援国自行规划。可列入国家方案的援助属于官方发展援助的范畴,并不包括援助者的一些支出(如管理成本),因此伙伴国将其视为享受发展合作带来的好处的更好方法。[57]多边机构与欧盟诸机构的国别项目援助平均数远高于那些与经济合作与发展组织发展援助委员会援助者所参与的双边发展合作有关的援助平均数。2010 年,所有多边机构(欧盟除外)的国别项目援助份额是 74.0%,欧盟诸机构为 72.5%,经济合作与发展组织发展援助委员会援助者的双边发展合作为 55.1%。[58]

2. 在过去数年中,经济合作与发展组织的定量分析涉及援助关系的"重要性"、援助集中度[59]与援助碎片率(the fragmentation ratio)[60]。[61]由于种种原因,以这些数据评价援助国的效率并非是轻而易举的。[62]然而现有数据表明,相比于多边发展合作,双边发展合作相对更容易引起碎片化的现象。因此,多边援助者的援助集中度[63]为 65%(包括欧盟;若不包括欧盟,则为 62%);另一方面就经济合作与发展组织发展援助委员会援助者的双边发展合作而言,其援助集中度为 54%。[64]

双边抑或多边?

一般而言,过去我们从两个视角含蓄地审视多边发展合作体系:其中一个深受如下前提的影响,即实际可行的"拼凑方法"(patchwork approach)能够用来解决全球性挑战。一个松散的多边体系有许多个别例子,然而这并不一定意味着,面对一系列广泛的全球、区域与国家不同挑战,各种多边行为体不会形成协同的潜力。相反,一系列广泛的任务与问题需要不同的行为体去应对。

第二个视角源自如下假设,即多边体系的特点是影响的减小和碎片化。因而多边体系是以行为体众多为特点的,往往执行相互重叠的任务,资源禀赋也有限。有人认为,对伙伴国而言,这降低了接受援助时的效率与有效性(交易成本等)。

行为体的增多确实是整个发展援助体系的一个特点。多边援助体系是发展援助体系的一部分,并造成有效性与效率的损失,即使双边援助者更应为此负责。因此,最好不要孤立地看待多边制度,而是将包括所有援助行为体的诸项制度考虑在内。

近年来,许多研究有助于更好地理解多边援助体系及其行为体。这些分析表明,一般而言,多边援助应该得到积极评价。它们并不支持如下论点,即多边援助的质量是不尽如人意的。在此基础上,未来研究的一个问题应该是:这些研究对援助国的分配决策会产生什么影响?这些研究是否有助于改变援助者政府和议会的偏好与决策?或者其他标准是否会对分配决策有更大影响?

过去数年表明,多边体系往往服务于特定援助者的利益。这在融资行为的变化方面是显而易见的,多边机构通过多边—双边发展合作设定并实现援助者的目标。援助国也以其委托的绩效分析加强上述趋势。这些分析是与单个援助者的目标体系相联系的,而非与有关多边机构的目标相联系。

欧盟的发展合作与多边行为体的活动有很大不同。欧盟是一个政治共同体,在多边机构(如联合国)中充当着一个独立实体。相比于那些拥有不同治理结构的机构的多边制度,欧盟成员国有更多的机会影响欧盟的做法,欧盟所采用的多边行动与方法之间的这一差异应该在发展合作中予以考虑(例如,对双边—多边发展合作的描述)。

注 释

1. F. Zimmermann, K. Smith, "Moreactors, Moremoney, More Ideas for International Development Co-operation," *Journal of International Development*, Vol.23, 2011, p.724.

2. J. Walz, V. Ramachandran, *Brave New World*, *A Literature Review of Emerging Donors and the Changing Nature of Foreign Assistance*, Washington, D.C.: Center for Global Development, 2011, p.11.

3. D. Braeutigam, *The Dragon's Gift: the Real Story of China in Africa*, Oxford: Oxford University Press, 2009.

4. E. Lundsgaarde, *Emerging Non-state Actors in Global Development: Challenges for Europe*, Bonn: EADI, 2010; E. Lundsgaarde, *Complementarity in Development: Bringing Private Foundations on Board*, Briefing Paper 10, Bonn: Deutsches Institut für Entwicklungspolitik/German Development Institute(DIE).

5. 参见 OECD/DAC, *Development Cooperation Report 2012*, Paris: OECD, 2012, 以及 http://www/oecd. org/dac/stats/aidtopoorcountriesslipsfurtherasgovernmentstightenbudgets,htm,访问时间:2013 年 5 月 14 日。

6. S. Klingebiel, *Stellungnahmezur Öffentlichen Anhörung des Ausschusses*

für wirtschaftliche Zusammenarbeit und Entwicklungzum Thema “*Bilaterale und multilaterale Entwicklungszusammenarbeit*”, Bonn: Deutsches Institut für Entwicklungspolitik/German Development Institute(DIE), 2012.

7. F. Nuscherler, *Entwicklungspolitik*, Bonn: Bundeszentrale für politische Bildung, 2006.

8. OECD/DAC, *Deutshclland*: *Peer Review 2010*, Paris: OECD, 2010.

9. 德国复兴信贷银行集团也包括德国投资与开发有限公司(DEG),该公司为在发展中国家进行投资的私人企业提供融资与咨询。

10. BMZ(Bundesministerium für wirtschaftliche Zusammenarbeit und Entwicklung), *Deutsche Entwicklungspolitik auf einen Blick*, Paderborn, Köln, 2011.

11. Ibid.

12. 23 个发展援助委员会成员国中的 11 个国家声称,它们每隔 3 年至 5 年重新考量双边发展合作与多边发展合作之间的平衡。参见 OECD/DAC, *The Architecture of Development Assistance*, OECD Publishing, 2012, p.30, http://www.oecd-ilibrary.org/development/the-architecture-of-development-assistantce-2012_9789264178885-en,访问时间:2012 年 12 月 11 日。

13. F. Zimmermann, K. Smith, “Moreactors, Moremoney, More Ideas for International Development Co-operation,” *Journal of International Development*, Vol.23, 2011; J. M. Severino, O. Ray, *The End of ODA*: *Death and Rebirth of a Global Public Policy*, Washington, DC: Center for Global Development, 2009.

14. OECD/DAC, *The Architecture of Development Assistance*, OECD Publishing, 2012, p.122, http://www.oecd-ilibrary.org/development/the-architecture-of-development-assistantce-2012_9789264178885-en,访问时间:2012 年 12 月 11 日。

15. 例如,H. Reisen, “The Multilateral Donor Non-system: Towards Accountability and Efficient Role Assignment,” *Economics*, 2009, The Open-Access, Open-Assessment E-Journal (2009—2018), Special Issue Global Governance-Challenges and Proposals for Reform。

16. 参见经济合作与发展组织的界定,即一项多边发展合作制度必须满足的三个标准之一:“汇集各方捐赠,使它们失去自己的身份并成为其金融资产的必要组成部分。”参见 OECD, *Perspectives on Global Development 2012*: *Social Cohesion in a Shifting World*, Paris: OECD, 2011, p.23。另外两个标准是:制度的活动必须至少在某种程度上倾向于促进发展;国际制度有成员国或其独立管理的预算。

17. S. Klingebiel, *Stellungnahmezur Öffentlichen Anhörung des Ausschusses für wirtschaftliche Zusammenarbeit und Entwicklungzum Thema* “*Bilaterale und multilaterale Entwicklungszusammenarbeit*”, Bonn: Deutsches Institut für Entwicklungspolitik/German Development Institute(DIE), 2012.

18. 除非另有说明,数据均源自经济合作与发展组织。参见 OECD, *Perspectives on Global Development 2012*: *Social Cohesion in a Shifting World*, Paris: OECD, 2011。

19. OECD/DAC, *Country Progammable Aid*: *DAC Countries*, 2013, http://webnet.oecd.org/dcdgraphs/CPA_donor/,访问时间:2013 年 3 月 14 日。

20. Ibid.

21. T. Mahn, *The Financing of Development Cooperation at the United Nations*: *Why More Means Less*, Briefing Paper 8, Bonn: Deutsches Institut für Entwicklungspolitik/German Development Institute (DIE), 2012; OECD/DAC, *The Architecture of Development Assistance*, OECD Publishing, 2012, pp.47—49, http://www.oecd-ilibary.org/development/the-architecture-of-development-assistance-2012_9789264178885-en,访问时间:2012 年 12 月 11 日。

22. OECD, *Perspectives on Global Development 2012*: *Social Cohesion in a Shifting World*, Paris: OECD, 2011, p.34; UNDESA(Department of Economic and Social Affairs), *International Development Cooperation Report*: *Development Cooperation for the MDGs*: *Maximisng results*, UN Document, ST/ESA/326, New York: UN, 2010.

23. 参见 http://www.oecd.org/dac/aid-architecure/12_10_02%20Policy%20Briefing%200n%20Multilateral%20Aid_draft_final_draft%20%282%29.pdf,访问时间:2013 年 3 月 14 日。

24. OECD/DAC, *2012 DAC Report on Multilateral Aid*, draft: 07 February 2013, Paris: OECD, 2013, p.12.

25. S. Klingebiel, *Stellungnahmezur Öffentlichen Anhörung des Ausschusses für wirtschaftliche Zusammenarbeit und Entwicklungzum Thema "Bilaterale und multilaterale Entwicklungszusammenarbeit"*, Bonn: Deutsches Institut für Entwicklungspolitik/German Development Institute(DIE), 2012.

26. OECD, *Aid Effectiveness 2005—2010*: *Progress in Implementing the Paris Declaration*, OECD Publishing, 2011, p.140, pp.154—155.

27. 2011 年发展援助委员会的报告写道:"即使在发展援助委员会的出版物中往往被视为一个多边机构,欧盟仍是个有自己发展政策与资源的单独援助者。"参见 OECD, *Aid Effectiveness 2005—2010*: *Progress in Implementing the Paris Declaration*, OECD Publishing, 2011, p.155。

28. S. Klingebiel, "Multilaterale Entwicklungspolitik," *Aus Politik und Zeitgeschichte*, *Beilagezur Wochenzeitung Das Parlament*, Nr.B 12—13, 19, mäRZ 1993.

29. OECD/DAC, *The Architecture of Development Assistance*, OECD Publishing, 2012, p.31, http://www.oecd-ilibary.org/development/the-architecture-of-development-assistance-2012_ 9789264178885-en, 访问时间: 2012 年 12 月 11 日。

30. M. Furness, "The Lisbon Treaty, the European External Action Service and the Reshaping of EU Development Policy," in S.G Rimm, D. Makhan, S. Gänzle eds., *The European Union and Global Development: an "Englightened Superpower" in the Making*? Bashingstoke: Palgrave Macmillan, 2012, pp.74—93; S. Grimm, "Zur Wirksamkeit der europäischen Entwicklungspolitik," in J. Faust, S. Neubert eds., *Wirksamere Entwicklungspolitik: Befunde, Reformen, Instrumente*, Baden-Baden: Nomos, 2010, pp.381—402.

31. S. Grimm, "Zur Wirksamkeit der europäischen Entwicklungspolitik," in J. Faust, S. Neubert eds., *Wirksamere Entwicklungspolitik: Befunde, Reformen, Instrumente*, Baden-Baden: Nomos, 2010, pp.381—402.

32. M. Furness, "The Lisbon Treaty, the European External Action Service and the Reshaping of EU Development Policy," in S.G Rimm, D. Makhan, S. Gänzle eds., *The European Union and Global Development: An "Englightened Superpower" in the Making*? Bashingstoke: Palgrave Macmillan, 2012.

33. S. Klingebiel, *Stellungnahme zur Öffentlichen Anhörung des Ausschusses für wirtschaftliche Zusammenarbeit und Entwicklungzum Thema "Bilaterale und multilaterale Entwicklungszusammenarbeit"*, Bonn: Deutsches Institut für Entwicklungspolitik/German Development Institute(DIE), 2012.

34. OECD/DAC, *The Architecture of Development Assistance*, OECD Publishing, 2012, pp.31—32, http://www.oecd-ilibary.org/development/the-architecture-of-development-assistance-2012_9789264178885-en，访问时间：2012 年 12 月11 日。

35. T. Fues, S. Klingebiel, "Multilaterale Entwicklungszusammenarbeit: die Rolle der Vereinten Nationen," in H.Volger ed., *Grundlagen und Strukturen der Vereinten Nationen*, München: Oldenbourg Verlag, 2007, pp.219—241.

36. R. O. Keohane, S. Macedo, A. Moravcsik, "Democracy-enhancing Multilateralism," *International Organizations*, Vol.63, Winter, 2009, pp.1—31.

37. OECD/DAC, *The Architecture of Development Assistance*, OECD Publishing, 2012, p.20, http://www.oecd-ilibary.org/development/the-architecture-of-development-assistance-2012_9789264178885-en，访问时间：2012 年 12 月 11 日。

38. T. Fues, S. Klingebiel, "Multilaterale Entwicklungszusammenarbeit: die Rolle der Vereinten Nationen,"in H. Volger ed., *Grundlagen und Strukturen der Vereinten Nationen*, München: Oldenbourg Verlag, 2007, pp.219—241.

39. J. Orbie, "The EU's Role in Development: A Full-fledged Development Actor or Eclipsed by Superpower Temptations?" in S. G. Rimm, D. Makhan, S. Gänzle eds., *The European Union and Global Development: An "Englightened Superpower" in the Making*? Bashingstoke: Palgrave Macmillan, 2012, pp.17—23.

40. S. Klingebiel, *Stellungnahmezur Öffentlichen Anhörung des Ausschusses für wirtschaftliche Zusammenarbeit und Entwicklungzum Thema "Bilaterale und multilaterale Entwicklungszusammenarbeit"*, Bonn: Deutsches Institut für Entwicklungspolitik/German Development Institute(DIE), 2012.

41. R. Manning, *Aid as a Second-Best Solution: Seven Problems of Effectiveness and How to Tackle Them*, Working Paper No 2012/24, Helsinki: UNU-Wider, 2012, p.10.

42. F. Vollmer, *Increasing the Visibility and Effectiveness of Development Cooperation: How to Reconcile Two Competing Objectives?* Study 67, Bonn: Deutsches Institut für Entwicklugspolitik/German Development Institute(DIE), 2012.

43. DFID(Department for International Development), *Annual Report and Account 2011—2012*, Lodong: DFID, 2012, p.8.

44. Parliament UK, *EU Aid Insturments And Organizations*, http://www.publications.partliament.uk/pa/cm201012/cmselect/cmintdev/1680/168005.htm, 2012,访问时间:2013 年 3 月 13 日。

45. I. Kaul et al., *Providing Global Public Goods: Managing Globalization*, New York/Oxford: Oxford University Press, 2003; I. Kaul, *Global Public Goods: A Concept for Framing the Post-2015 Agenda?* Discussion Paper 2, Bonn: Deutsches Institut für Entwicklungspolitik/German Development Institute (DIE), 2013.

46. B. Wood et al., *The Evaluation of the Paris Declaration, Phase 2, Final Report*, Aarhus: Danish Institute for International Studies, 2011.

47. 关于进一步的细节,参见 http://www.mopanonline.org/。

48. OECD/DAC, *2012 DAC report on multilateral aid*, draft: 07 February 2013, Paris: OECD.

49. N. Birdsall and H. Kharas, *Quality of Official Development Assistance Assessment*, Washington, DC: Brookings Institution and Center for Global Development, 2010.

50. OECD/DAC, *2012 DAC report on multilateral aid*, draft: 07 February 2013, Paris: OECD, p.22; OECD/DAC, *Country Programmable Aid: DAC countries*, http://webnet.oecd.org/dcdgraphs/CPA_donor/,访问时间:2013 年 3 月14 日。

51. 参见 A. L. Bigsten et al., *The Aid Effectiveness Agenda: The Benefits of Going Aheda*, Brussels: EU, 2011。

52. N. Birdsall and H. Kharas, *Quality of Official Development Assistance Assessment*, Washington, D.C.: Brookings Institution and Centre for Global Development, 2010, pp.24—25.

53. 例如,R.Picciotto, "Multilateral Development Cooperation and the Paris

Process: the Road to Busan," in North-South Institute ed., *Canadian Development Report 2011: Global Challenges: Multilateral Solutions*, Ottawa, 2011, pp.55—76。

54. 参见发展援助委员会中一个援助国对多边发展合作的调查的反应。参见 OECD/DAC, *The Architecture of Development Assistance*, OECD Publishing, 2012, p.32, http://www.oecd-ilibary.org/development/the-architecture-of-development-assistance-2012_9789264178885-en,访问时间:2012 年 12 月 11 日。

55. OECD/DAC, *The Architecture of Development Assistance*, OECD Publishing, 2012, p.30, http://www.oecd-ilibary.org/development/the-architecture-of-development-assistance-2012_9789264178885-en, 访问时间: 2012 年 12 月 11 日。

56. H. V. Milner, D. Tingley, "The Choice of Multilateralism: Foreign Aid and American Foreign Policy," *The Review of International Organizations*, Vol.6, Issue 3—4, 2012, pp.313—341.

57. OECD/DAC, *Getting Closer to the Core: Measuring Country Programmable Aid*, http://www. oecd. org. dac. stats/gettingclosertothecoremeasuringcountryprogrammableaid,htm,访问时间:2013 年 3 月 13 日。

58. 由经济合作与发展组织发展援助委员会的数据计算得出。参见 OECD/DAC, *Country Programmable Aid: DAC countries*, http://webnet.oecd.org/dcdgraphs/CPA_donor/,访问时间:2013 年 3 月 14 日。

59. 从援助者的角度来看,"援助集中度"是指与伙伴国"重要"关系的程度。

60. 从伙伴国的角度来看,"援助碎片率"是指与援助者的重要关系。

61. 参见 OECD/DAC, *2011 OECD Report on Division of Labour: Addressing Crosscountry Fragmentation of Aid*, Paris: OECD, 2011; OECD/DAC, *Fragile States 2013: Resource Flows and Trends in a Shifting world*, *DAC International Network on Conflict and Fragility*, Paris: OECD, 2012。

62. 财政上重要或不重要的关系对于伙伴国来说是否值得的问题也取决于各种其他因素。这些因素可能更重要(如果对密切协调的项目所提供的财政捐赠相当少,交易成本可能较低)。考虑到多边制度的伙伴数量,非常重要的是,是否授予全面或区域管辖权(例如,联合国的诸项基金和项目相对于地区银行的普遍范围)。

63. 发展合作集中度衡量援助国"重要的"发展合作关系与其"无足轻重"的发展合作关系的比值。

64. OECD/DAC, *2012 DAC Report on Multilateral Aid*, draft: 07 February 2013, Paris: OECD, 2013, p.22.

第三章

伙伴国：欠发达地区不同的伙伴

直到20世纪90年代，“北方”与“南方”之间的区分相对简单，北方代表相对繁荣的工业化国家，南方则相对贫穷。发展中国家中某种分化的进程在过去数十年间不断地发展着。早在20世纪80年代，“新兴经济体”这一术语表明“南方”有一些国家更为发达。这一分化的进程在20世纪90年代与21世纪逐步升级，致使用一个同质特征来描述“南方”的形象的做法越来越不恰当。许多重要的发展中国家经济发展的速度也已经快于经济合作与发展组织成员国的速度。

从长远来看，经济合作与发展组织发展援助委员会援助者所认定为受援者的国家经历了彻底的变化。从1970年至2010年，又有15个“受援者”名列其中，而35个国家不在其中了。[1]一方面，上述调整反映了政治变化与评价，例如，由于苏联解体，有必要将新的国家视作独立的“受援者”，或者因为南非种族隔离体系的瓦解，新的政治环境产生了。另一方面，这些调整反映了发展中国家所取得的经济进步。其中大多数发展中国家有能力实现可观的收入增长，不再在其名单中了（例如卡塔尔、新加坡）。

工业化世界（经济合作与发展组织国家）与以往非工业化的国家[2]的发展特征日益趋同。2010年韩国成为经济合作与发展组织发展援助委员会的一员，凸显了上述趋同趋势。这标志着一个结构性变化连续发生，不仅包括“南方”的分化，而且包括国家集团和联盟的重新调整。不仅单个国家的形象正在发生变化，而且争论与磋商的全球进程（例如，从二十国集团的成立就可以明显看出）、全球体系和行为体的认知也正在改变（南方的崛起）。[3]

国家的分类仍是以收入群体为基础的，这也适用于经济合作与发展组织发展援助委员会的受援国与可比较的国家分类。这一分类体系对于发展合作是至关重要的，因为它按照需要或缺乏资源（即低于收入门槛的国家）对潜在的受援者进行分类。由于两个原因，这一方法正面临着压力。

第一，全球福利局面正面临着有利于"南方"的根本的结构性变化。发展合作是以重新分配的方法为基础的。这一方法假定援助国拥有世界上经济权力中相当大的一部分，而且打算向发展中国家提供一些援助。反之，该模型假设发展中国家非常缺少资源，因而需要援助。因此，援助体系是以南北二分法为特点的。然而，这一观点日益歪曲了真实情况。在全球范围内，21 世纪最初 10 年里，全球福利局面发生了重要转变；这一结构性变化可能会持续下去。[4]除了经济合作与发展组织的经济体以外，"东方""南方"的许多国家已成为中心；中国、巴西等发展中国家已经崛起为重要的全球经济行为体。全球经济的变化伴随着全球力量的重新组合。在新的力量组合中，发展中国家将日渐有能力提出对政治权力与经济权力的诉求。

第二，现有的国家分类并未充分反映分化的进程。从一些发展中国家的经济活力来看，它们与经济合作与发展组织国家及其他更发达的国家之间的差异正日益消失或变得模糊不清。"发达国家"与"发展中国家"的区分不再是一个适当的分类手段。[5]对于政策而言，问题是，鉴于存在各种各样的发展类型（从不断增长的国家到停滞不前或几乎没有活力的国家），国家分类应该如何进一步调整与发展。虽然常用的收入群体大多已经不适用，但新的国家类型学仍无法被认为是周密设计的，如经济合作与发展组织发展中心（the OECD Development Centre）所用的"四速模型"（"four-speed model"）或"多速世界"（"multispeed world"）方法，因为它们仅仅能够在某种程度上解决方法论问题与实质性问题（增长导向等）。

尽管贫困国家或停滞不前的国家的数量下降了，但是在可预见的未来,满足"贫困国家"的援助分配标准的国家集团仍会存在。"欠发达国家"(Least Developed Country, LDC)这个统计术语并不足以反映这些国家在其发展领域所取得的进步。[6]21世纪最初10年,欠发达国家与贫穷的发展中国家(低收入国家,LIC)也发生了一些重要的变化;撒哈拉以南非洲地区尤其如此。对于欠发达国家与低收入国家而言,撒哈拉以南非洲地区的发展成就特别重要。[7]

那么,由于重大结构性变化,作为受援者而被赋予优待的国家数量也下降了。一般而言,国家分类致使援助对于受援者的重要性下降了,而且越来越多的发展中国家不再将自己视为受援者。此外,援助者的承诺与国际援助标准(贫穷国家的目标数字等)至少倾向于反对继续支持更发达的国家。

四速世界

直到20世纪90年代,"北方"与"南方"的区分相对简单,"北方"象征着富裕和工业化,"南方"则象征贫穷。在过去数十年中,发展中国家分化的进程一直不断发生着。"新兴经济体"这一术语在20世纪80年代已经表明,"南方"有一些更发达的国家。[8]另一方面,"欠发达国家"的大部分人生活在绝对贫困中。

在20世纪90年代和21世纪头10年,这一分化进程以更快的速度持续发展[9],因而,"南方"具有同质特征这一形象越来越不准确。许多重要的发展中国家经济发展的速度也快于经济合作与发展组织成员国的速度。21世纪头10年,中国、印度的增长率平均是经济合作与发展组织成员国的3倍至4倍。那么在全球范围内,应当形成如下国家分类,这些分类仅仅在某种程度上符合原有的南北之分。经济合作与发展组织建议将国家分为如下4类。[10]

(1) 富国:大多数经济合作与发展组织成员国、正在快速发展的发展中国家。

（2）充满活力（趋同）的国家：许多快速增长的亚洲国家与拉美国家（中等收入国家）。

（3）“以往贫穷的国家”（“formerly poor countries”）：正逐渐变为中等收入国家的众多贫穷国家（如加纳）。尽管这些国家已经取得一些进步，但是社会挑战与不平等往往会持续下去。

（4）贫穷国家与最贫穷国家（poor and poorest countries）：在可预见的未来，相当多的贫穷国家与最贫穷国家仍会存在，尽管这些国家的数量会逐渐下降。最贫穷国家为 48 个，其中大多数在撒哈拉以南非洲（33 个），仅 1 个位于拉美（海地）。暴力冲突或严重的治理缺陷正阻碍着这些国家在发展领域的进步。

表 3.1　新的“四速世界”的增长格局（国家数量）

	20 世纪 90 年代	21 世纪头 10 年
富　国	34	40
趋同国家（converging countries）	12	65
缓慢发展的新兴经济体	66	38
贫穷国家	55	25
总　计	167	168

资料来源：OECD，*Perspectives on Global Development 2010*：*Shifting Wealth*，Paris：OECD，2010.

贫困的新地理图景

自 20 世纪 70 年代和 80 年代基本需要以及贫困的定位以来，减贫已经成为发展政策领域所采取的基本行动原则。21 世纪，发展经济学家杰弗里·萨克斯（Jeffrey Sachs）[11]、保罗·科利尔（Paul Collier）[12]的分析重申并进一步发展了这一发展政策范式。在这些分析的基础上，发展行为体努力通过有利于贫穷国家（欠发达国家或低收入国家）或撒哈拉以南非洲受援国的分配决策的方式，使发展合作更广泛地聚焦于贫困或千年发展目标；功能性与区域性特征也被认为在许多方面是重叠的。“贫穷国家”(其特点往往是脆弱性)与“贫困人群”在基本相同的假设也影响着诸多分析,因而面向贫穷国家的发展合作意味着面向贫困。

21 世纪最初的最新分析促使人们重新审视全球贫困问题。

从长远来看,全球贫困问题的重要性将会下降,但是在个别国家与地区仍会持续下去:从长远来看,按绝对价值及相对的人口比例计算,贫困正在缓解。2008 年,12.9 亿人每天依靠 1.25 美元勉强维持生活,1981 年这个数字为 19.4 亿。2008 年,22%的发展中国家人口生活在贫困线以下,1981 年为 52%。全球反贫困的成功很大程度上要归功于中国的减贫。[13]

贫困不是只限于贫穷国家的现象,而是中等收入国家所面临的一个主要挑战:萨默(Summer)的分析[14]表明,低收入国家与中等收入国家之间贫困人口的分布已有显著的变化,这与科利尔的分析[15]相左。[16]大多数贫困人口生活在中等收入国家,而非贫穷国家;在许多更具活力的中等收入国家,收入差距相当大。2007 年至 2008 年,72%的贫困人口生活在中等收入国家,而 20 年前仅有 7%。这些变化很大程度上是由于统计效应与分类,特别是低收入国家上升为中等收入国家的变化。然而,发展政策规定(如将援助集中于贫穷国家)意味着,这些变化与援助分配决策有相当大的关联性。

拓展贫困议程——发展范式:即使在过去,有关发展援助范式的争论也超越了“狭隘的贫困概念”或“收入贫困”;例如诺伦与努斯切尔(Nohlen and Nuscheler)[17]提出“多维目标体系”(“神奇的五边形”[18])。在发展实践中,“人类发展”(human development)的概念是 1990 年以来联合国开发计划署(UNDP)所估算的人类发展指数的基础,它成为了占主导地位的聚焦增长的发展模式的替代性方案。聚焦增长的发展模式主要是由世界银行所推进的。两个概念性外延是重要的,这并不仅仅是由于许多发展中国家的收入增长及新中产阶级的兴起。第一,从经济进步来看,诸多发展模式的生态可持续性问题极为重要(自然资源的消费、排放量等)。[19]不反映自然环境极限的发展范式忽视了诸多基本条件。第二,内部分配的诸多方面越来越重要。21 世纪初的增长态势加剧了许多方面的不平等,而且由于力量日益增强的中产阶级的期望越来越大,巨大的爆炸性力量出现了。因而,社会凝聚力问题对于发展进程来说极为重要。[20]

脆弱国家冲突管理的发展与安全政策工具

在一些发展中国家,国家结构的缺失、运行欠佳或合法化不足的政府,以及由此引起的诸多问题构成了重大挑战。有时,这是失败国家特别难以解决的问题,但是往往也是"脆弱"或"易受影响"的体系所面临的问题。在后者的情况下,尽管国家治理很可能卓有成效,但是国家可能无力左右整个国土,或其代表并没有充分的合法性。

在学术争论与政治实践中,并不缺乏这样一种基本的意识,即软弱与失败的国家地位与那些同地区环境、尤其是国际政策极为相关的国家和民众有极大的关联性。20 世纪 90 年代以来,失败国家已成为——在一系列广泛的国际政策领域——一个关键议题。危机的迹象、暴力冲突与剧变的社会表明,这一议题持续在世界各地呈现出显著的相关性,如 2011 年初以来的阿拉伯世界、萨赫勒地区的国家、中非的大湖地区、刚果民主共和国或阿富汗及其周边地区。

"脆弱性"一词被广泛使用,但是并非必然相当准确。在国际争论中,经济合作与发展组织的概念相对而言广为接受。经济合作与发展组织认为,脆弱地区或脆弱国家实际上无力履行基本治理职责,或无力与社会开展建设性的相互交流。此外,脆弱国家易受内部与外部冲击的影响,如经济危机与自然灾害。[21]

当下,经济合作与发展组织将 47 个国家界定为脆弱国家。[22]大多数脆弱国家——26 个——是低收入国家,如布隆迪、阿富汗、海地与索马里。然而,有 21 个脆弱国家为中等收入国家,如安哥拉、科索沃、尼日利亚、斯里兰卡与南苏丹。

2007 年,政治科学家玛丽娜·奥塔韦(Marina Ottaway)对"失败"国家与"正常运转"的国家进行了有益的比较。[23]她认为,国家正常运转这一发展目标极其难以实现,因为其中所涉及的结构是极为复杂的,而且同样重要的是将国家视为一个整体,并且考虑到其合法性、结构与效率。这或许有碍于对某种解释采取草率的技术方法,这种解释低估了诸多治理挑战的相互关联性。因此,脆弱性概念考虑到了不同情形的复杂性与发展缺陷,这些缺陷或许体现在运行糟糕或深陷冲突的国家不良治理中。

脆弱性的后果

从人道主义和与贫困相关的角度,以及从安全与稳定的角度来看,脆弱性是有重要相关性的。

动荡,尤其是武装冲突,是发展失败或任何可能出现的衰退的两个主要原因。[24]大概15亿人生活在以此为特点的国家与地区。在2015年之前,所谓脆弱国家或深受暴力冲突影响的低收入国家都无力实现国际社会的千年发展目标。诸多研究也表明,深受冲突影响的国家的贫困率比那些未受冲突影响的国家高21%。此外,脆弱国家往往会影响其邻国,导致邻国增长下滑。例如,坦桑尼亚因其邻国发生的冲突损失了大约0.7%的增长。

深受冲突影响的国家本身所面临的结构上的长期动荡的影响,以及脆弱国家对国际安全所造成的风险也十分重要。已深陷冲突的国家再次陷入冲突的风险要高得多。战后国家在10年内再次陷入内战的风险大约为40%。[25]因而,美国或欧盟的安全战略相当重视脆弱国家的问题。对于国际社会而言,问题不仅仅在于恐怖组织会利用失败国家作为可以撤退的地方。这在许多地区构成了持续性的威胁,在某些情况下,这种威胁日益严峻,包括在萨赫勒地带。脆弱国家与失败国家对直接受其影响的国家及其民众的影响是巨大的,而且由于这些影响往往跨越边境,它们还影响着地区环境与国际安全。

发展合作的起点

难以回答的一个问题是,如何消除失败国家产生的原因及其造成的影响。[26]这尤其适用于那些双边—多边援助者或国际组织等外部行为体的捐赠。在某种程度上,有限的时间框架内,从外部补救缺少国家结构的情况总体上非常少,而且一般情况下可能仍是例外。财政资源与军事能力要么难以获得，要么在政治上不可能动员起来。与最初的设想相比，从这些局势中退却几乎总是个更为复杂与漫长的进程。国际社会不介入或非常重要的政府行为体与非政府行为体不介入是另一种可能的选择方案。

一般而言，许多政策特别是对外政策、安全政策与发展政策，从外部对脆弱国家或失败国家施加影响。

发展合作能实现什么？首先，发展合作必须应对几乎所有形式与阶段的脆弱国家状态。长期来看，发展合作有助于确保那些体系相对较为稳固的地区的稳定，帮助那些脆弱国家以发展为取向的政权建立可行的结构，激励失败国家、在某些情况下崩溃国家的政府行为。通常，援助的供给在战后局势中特别重要，以防止再次陷入暴力冲突中。发展合作能够有助于增加战后社会的和平红利。[27]

安全部门的改革往往是至关重要的，如果政治监管机构完全有能力适当地执行监督国家安全行为体（军队与警察）的任务的话。鉴于在地区层次上运行良好的民事与军事结构非常重要，非洲联盟、西非国家经济共同体（ECOWAS）等诸如此类的地区或次地区机构往往是关键的，尤其在进行合法化与外部军事行动时，如（2013 年初）在海地的军事行动。发展合作极其有助于适当的区域机制的发展。

对于理解脆弱国家的发展视角，如下实质性联系也是重要的。第一，20 世纪 90 年代末，有关尽可能有效使用发展合作资源的争论促成了对“优秀表现者”的关注。因此，在经济合作与发展组织的发展援助委员会及相似的论坛上，一个正在被深入思考的问题是，相比于其需要，几乎没有得到发展援助的脆弱国家未来应该受到何种对待。[28]鉴于脆弱国家使用发展援助的具体需要，19 个脆弱且深陷冲突的国家与发展伙伴和国际组织一起，以“介入脆弱国家的新政”（A New Deal for Engagement in Fragile States）为主题，将与这些国家的合作置于新的基础上。这一新兴的方法在某种程度上意在改进包括发展援助在内的资源的管理，从而增强援助者对脆弱国家的发展方法的信心。

第二，概念性变化出现在发展合作中。虽然在 20 世纪 90 年代初期和中期，一次性的、与危机有关的方法得到发展，而且这一方法在 20 世纪

90 年代后 5 年中进一步发展为国内危机预防概念,然而目前的概念重点是有助于确保稳定与安全的总体性方法。这一总体性方法的主要目的是在安全政策、对外政策、发展政策方面的行为体之间实现更密切的网络化思考与行动。[29] 无论如何,这并不排除有关行为体的目标或不同方法之间的冲突。问题是,例如,"谁的安全是一项行动的重点,是当地人还是援助国"? 或者"如何衡量介入的成功"?

第三,发展政策方法的重点日渐转向国家以及脆弱国家的治理议题,与民主推进、分权、直接预防危机和冲突管理等其他主题有大量重叠。

综合政策观

暴力冲突或许反映了一个国家或地区严重的脆弱性。如何用民事与军事方法解决暴力冲突是国际政策所面临的重要问题与挑战之一,尤其是由于如下两个原因。

第一,问题是,在不断加剧并可能引发或招致人道主义灾难的暴力局势下,国际社会准备采取什么措施。军事资源能够而且必须只能作为最后手段来使用。预防或终结暴力冲突的民事方法被明确认为优先于军事方法。这确实如此,特别是因为在许多困境中,军事资源不能起到建设性作用。最终,仅在考虑个别案例的具体情况之后,才能确定长期而言,军事资源是否会有助于减少人类苦难,恢复稳定。毕竟,军事方法与所有相关方关注的重大的不确定性和风险有关。对于是否进行军事干预、何时采取军事干预的问题,所有相关的国际行为体的行动都非常有选择性。在这一进程中,当个别国家或整个国际社会进行决策时,当地人类灾难的程度仅仅是予以考虑的许多方面之一。正因为如此,有关"保护责任"(responsibility to protect)的争论关注这一挑战。[30]

第二,军事行动的好处往往是模糊不清的。[31] 更确切地说,往往不是一次短暂的个别军事行动——具有所有有关的复杂性与责任性——决定着成功与否。问题更在于和平如何成为一个更广泛的概念。外部行为体能真正确保一个国家或地区得到长期的人身保护吗? 向"正常"状态的过渡会采取什么形式呢? 如果国际社会所期望的稳定条件并不会出现,那将会出现什么情况呢? 在 20 世纪 90 年代与 21 世纪初,国际社会时常经历这一切。

然而,我们无法为这些问题找到任何真正好的答案。事实上这根本不会取代政府功能,或在许多情况下仅仅是不充分地取代了,而且任何永久可行的架构是无法被植入的;阿富汗是个特别令人印象深刻的例子。实践证明,主要缺点是新政府架构的植入极其复杂。这影响着政府机构运行及其显示自己权威的能力,然而非政府行为体常常对此提出质疑,新政权的合法性也受到影响。新政体决不是自动或短期内就会建立的。

这两个主题表明,将民事与军事观点考虑在内是多么重要。凡采取军事行动而且军事行动有必要时,缔造长期的和平架构是不够的。当民事方法不足以预防或终结暴力冲突时,军事措施也许是必要的,以避免种族灭绝的严重风险。民事与军事方法之间的这些联系在数个层次上是非常重要的,大约15年来越来越引起关注。

在一些情况下,如在美国的方法中,这些联系是从纯粹的军事视角加以界定的,例如,重建等民事措施如何能够有助于为军事稳定行动营造有利的环境,并由此使军事人员更安全呢?常常被忽视的是,无论如何,民事行动必须扮演独立的角色。说到底,民事方法尤其有能力提出有助于政治、经济与社会稳定的长期方案。当条件持续脆弱时,军事介入或许仍是必要的,但是适当的分工是极为重要的。

这种分工将会采取何种形式呢?民事行为体与军事行为体如何能够适当地相辅相成?发展与安全的关系并非一个全新的主题。[32]以外部为取向的不同政策——特别是发展政策、对外政策、安全政策——之间的具体联系也是如此。以往,有关稳定与和平而必定达到的诸多条件的问题毫无疑问至少扮演着至关重要的角色。然而在早期争论中,这些关系基本上被视为抽象的相互依赖关系。另外,在过去10年至15年的争论中,这些联系在概念、实践与政治上更直接被认为是更直接的。

安全概念的根本性变化在这些争论中特别重要。[33]更早的国家中心论概念在许多领域已经被新的思想所替代。在国际争论中,安全已经从以国家稳定为取向的概念转向与人类个体有关的保护性方法。尽管这在政治行动中并不总是具有实践影响,但是在其他各种领域,这种影响是显而易见的。例如,非洲统一组织(OAU)向非洲联盟的转变清楚地表明非洲联盟放弃了不干预原则,即使这一政策的实施进展缓慢。[34]

这一思想变化及发展与安全的新概念所带来的许多影响仍然非常难以评价。例如,在对待并不足以获得最大的合法垄断权力的国家时确实如此。由此,新的思想与概念逐渐与旧思想模式相对立[35]:在何种情况下应该或必须与集团进行互动或合作呢?这些集团拥有权力工具,但是国家并未给予合法性。如何处理那些并没有足够合法性的国家代表,尽管这些代表有能力垄断国家权力?对此,大量争论是必要的,有助于进一步理解发展与安全的关系。

应对冲突

一般而言,脆弱国家是国际政策所面临的重大挑战之一,尤其是对发展合作而言。发展合作能够促进各种治理方法,有助于建立国家架构或推动以发展为取向的合作。不稳定与不安全、不良治理、实施能力薄弱是脆弱国家的特征。它们并不符合发展合作的有利条件。另一方面,解决这些问题的有效发展政策是特别重要的。因此,至关重要的是抓住与增加发展政策所提供的采取行动的机会,并且把争论的重点放在“是否”而不是“如何”上。此外,在暴力冲突中,民事行为体与军事行为体之间协调与合作的需要也增加了。尽管这种相互影响是难以做到的,但是必要的,因为方法、手段甚至实践目标往往并不相同。

撒哈拉以南的非洲:发展合作的核心区域?

在撒哈拉以南的非洲,发展合作、其他外部政策与内部行为体所面临的条件正迅速发生根本性的变化。过去,撒哈拉以南的非洲是最没有活力的发展中地区,因而最依赖于发展合作。可以确定的是,三个方面发生了变化:(1)该地区的国家类别及其对发展融资的看法或需要;(2)经济条件与治理;(3)发展融资的架构。

撒哈拉以南非洲的国家在过去20年中以不同的速度、某种程度上不同的方向变化着。现有国家分类只不过是针对正在发生的分化过程进行新的适当分类的开端。借助于国际货币基金组织的分类，按照发展融资，这里将撒哈拉以南的非洲国家大致分为四类。[36]

国家分类

石油输出国（7个国家，人口大约为2.14亿）：撒哈拉以南非洲的石油输出国（石油占出口收入的30%多）拥有丰富资源，足以使其进行大量投资；一些其他严重有赖于矿产出口的国家也有类似的特征。主要挑战——例如赤道几内亚所面临的——是可用资源的管理。颇具风险的是，这些资源没有被投资到更长期的发展进程之中，反而被消费掉了，不平等和捐客式结构（clientelistic structure）也加剧了。通过发展合作进行融资的需要在这些国家是有限的，因此它们对发展合作的依赖也有限（例如尼日利亚、安哥拉，大概其经济实力的0.5%有赖于发展援助），尽管一些援助者通过这样的援助追求经济利益。就像在加纳和乌干达一样，未来石油收入的前景正使发展合作的重要性与影响力日趋下降。

中等收入国家（11个国家，人口大约为1.05亿）：这类国家的特点是，相对而言，对外直接投资对于其制造部门是重要的。对外直接投资不太容易受到国际危机的影响，因为对外直接投资具有长期性，往往被用于价值链的发展。这些国家本身——其中包括毛里求斯、南非、博茨瓦纳——有相当大的兴趣投资人力资本，实施各种战略以促进私人部门发展。这类国家一般对更长期的对外直接投资感兴趣。发展合作的影响大多数无关紧要，而且正在下降。

低收入国家（14个国家，人口大概为3.42亿）：这些国家（如埃塞俄比亚、坦桑尼亚）仍然严重地有赖于以更长期的减贫目标为重点的发展合作。公共投资在很大程度上有赖于外部支持。在其中一些国家，私人部门的发展很有活力，尽管这种发展往往始于较低的水平。一些国家或许在中期内会成为中等收入国家。由于有限的国内收入和现存的挑战（如能源、交通基础设施），在一些情况下，这类国家对融资的需求是很大的。一般而言，依赖于发展援助是这类国家外部融资的显著特征；相对有活力的私人部门与外国投资逐渐减轻了这种依赖。

脆弱国家(12 个国家,人口大概为 1.38 亿):这类国家极其有赖于发展援助。这类国家(包括布隆迪、刚果民主共和国)的特点是面临治理挑战与改革能力有限,因为政治动荡与捐客式结构往往占主要地位。来自国内收入与发展援助的公共投资具有无法有效实施的风险。发展援助往往被用于意在削减国家解体迹象的稳定计划。私人投资者的活动并不集中于可能刺激长期发展的价值链,而是——如果可能——集中于矿产与其他自然资源的开发。由此产生的收入很少用于发展进程。总而言之,发展援助,以及在某种程度上,人道主义援助对于这些国家的运行及其公共服务最低限度的供给而言是非常重要的。

对于发展合作而言,问题是,从发展角度来看,进一步的介入是否仍是明智的,特别是对那些对发展合作依赖程度有限而且仍将下降的国家而言。在争论中,意见分歧出现了,即一方关注对"贫穷国家"的发展合作;另一方关注那些在有活力的国家同样有价值的任务(例如,与私人资本流入有关的催化功能)。

经济与政治趋势

经济趋势:20 世纪 90 年代以来,撒哈拉以南非洲的经济实力已经大增。[37]不过,撒哈拉以南的非洲国家之间的主要差异以及个别国家——例如南非——内部的悬殊依然存在。增长质量的问题同样重要,因为结构性发展进程并不必然伴随着经济繁荣。例如,在资源丰富的国家(如石油输出国),治理往往是不充分的(普遍的腐败问题、不足的长期投资等)。平均而言,非洲经济体的表现仍是波动的,因为许多经济体仍未实现多样化。然而在过去 10 年左右,一些相对成功的经济体涌现了。国际货币基金组织指出,该地区有 11 个国家(边境市场)拥有相对较高的增长潜力,但是仍然与亚洲经济体有显著差异。[38]此外,一些国家——该地区大约三分之一的国家——几乎没有融入世界经济。

撒哈拉以南非洲的宏观经济局势在很大程度上已经朝积极的方向发展,尤其是因为许多国家实施了更好的政策。20 世纪 90 年代初,大多数非洲国家事实上已经破产,债务也在迅速增长。大多数国家有巨额预算赤字,而且其中许多国家有两位数的通胀率,存在政府干预、资本外流与黑市的现象。因此,这一新局势基本上从其外债可以看出。33 个非洲国家符合针对重债贫穷国家(Heavily Indebted Poor Countries, HIPCs)的债务减免倡议的条件。其中,29 个国家至少符合第一批债务减免行动的条件。一般而言,撒哈拉以南非洲国家如今只需将其不到 5%的出口收入用于偿债,相比之下,1995 年这一数字接近 16%,要高得多。[39]

因此,相比于过去,如今非洲的公共预算有更多的回旋余地。这使一些政府更具创新性(例如在投资与改革计划方面),并能够承担更多的责任。由于国内收入平均占国内生产总值的 18%[40],撒哈拉以南非洲国家自己挣得其开支中相当大的一部分,而且可以为发展提供资金。

治理趋势:对于资金流入而言,撒哈拉以南非洲国家的治理质量在许多方面扮演着一个重要角色。私人资金与公共资金流入都确实如此,例如就对私人投资者的吸引力或对发展援助的游说而言。

总体而言,在过去 20 年中,政治治理有所改善。[41] 从全球来看,撒哈拉以南的非洲与欧洲转型国家取得了最重要的进展。然而,这并非意味着在一些国家或在某些年份,倒退并不会出现(例如,如易卜拉欣指数的年度对比所揭示的)。撒哈拉以南非洲的许多国家必须进行改革以改善政治环境(重点是民主化)。

在经济治理方面,撒哈拉以南的非洲远远落后于世界上所有其他地区。2013 年《经商》(*Doing Business*)国际排名表明,在 185 个地方中,撒哈拉以南非洲平均占据第 140 位,这表明该地区亟待改革。[42] 然而,考虑到期间的局势,这表明这一状况正在日渐改善。

公共财政管理(Public Financial Management, PFM)是治理的一个核心维度。公共财政管理不仅包括公共财政的管理,而且包括财政制度与程序的管理,也即对议会预算委员会、国家审计办公室与预算规划者的工作的管理。公共财政管理改革的目的是更加透明、有效与高效地处理国家收入与开支。当今,合适的分析性工具使评价公共财政管理的效率成为可能。日渐显而易见的是,相比于过去,许多国家(如卢旺达、毛里求斯)创设了更为有效的公共财政管理体系。尽管如此,捐客式结构与新世袭体系仍在大量国家占主要地位。[43]

发展融资的变化

在过去10年(2000年至2009年)中,流向撒哈拉以南非洲的国际资金增加了6倍。[44]这一激增伴随着一个重大的结构性变化,而且私人资金流入也显著增长。

外部资金流入分为两类。一是官方资金流入。就撒哈拉以南非洲而言,官方资金流入包括不同形式的官方发展援助(ODA)(金融与技术合作);然而,一般而言,其他官方资源(例如出口信贷)也属于这一类。2000年以来,按绝对价值计算的发展援助数量持续增加。撒哈拉以南非洲目前每年获得约440亿美元(2010年,净流入)的发展援助,而且其在经济合作与发展组织发展援助总额中所占份额相对稳定,约为30%。[45]

研究者对发展援助对增长的贡献颇有争议;研究结果也是含糊不清的。[46]随着经济效率的提高,撒哈拉以南非洲对发展援助的平均依赖程度(占国内生产总值的份额)已经有所下降。(见图3.1)

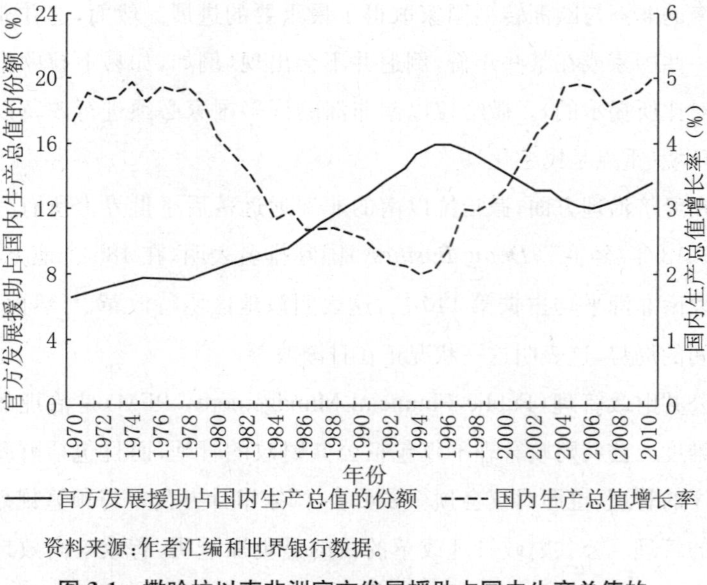

资料来源:作者汇编和世界银行数据。

图3.1 撒哈拉以南非洲官方发展援助占国内生产总值的份额及国内生产总值增长率

迄今为止,除了发展援助之外的官方资金流入(如出口信贷)的重要性有限。除了经济合作与发展组织国家的捐助以外,"新兴援助者"(包括中国、印度、巴西,以及海湾国家)与撒哈拉以南非洲的合作日渐增多。据推测,中国向该地区提供的发展援助大致相当于中等规模的传统援助者(如荷兰)所提供的数额,但是中国援助性质的差异(更多地与其他合作手段结合在一起等)致使难以将其与传统发展援助相比较。

二是私人资金流入[47]。私人资金流入包括对外直接投资(FDI)、证券投资、移民向其本国的汇款。对外直接投资与证券投资每年超过520亿美元(2010年的净流入;对外直接投资为326亿美元;证券投资为200亿美元),大致相当于发展援助的数额。在撒哈拉以南非洲,私人资金流入主要集中在少数国家,其中大概三分之二的投资流向南非、尼日利亚与安哥拉,而且对石油与矿产的投资都占相当大的比重。根据官方统计,移民向撒哈拉以南非洲的汇款大幅增加,每年高达208亿美元(2009年)。

其他两个方面也与私人资金流入相关。第一,非洲本地区的投资扮演着越来越重要的角色。在这方面,南非是一个重要行为体,主要在南部非洲积极进行投资活动。第二,区域一体化循序渐进,如南部非洲发展共同体(the Southern African Development Community, SADC)、东非共同体(the East African Community, EAC)。对于那些在石油、矿产部门并不活跃的外国投资者而言,经济共同体是一个特别重要的拉动因素。

因此,近年来,撒哈拉以南非洲国家的局势不断分化。一些国家自身拥有一些可用于发展投资的资源,这些资源对发展进程非常重要。对于大多数国家而言,外部发展融资仍是重要的。事实上,在越来越多的国家,私人资金流入扮演着重要角色。发展援助往往肩负着一项至关重要的功能,特别是在低收入国家与脆弱国家。利比里亚、卢旺达等低收入国家正在付出更多努力,使自己摆脱传统上对发展援助的依赖。

注 释

1. OECD/DAC, *Development Cooperation Report 2011: 50th Anniversary edition*, Paris: OECD, 2011, p.225.

2. 参见 M. Spence, *The Next Convergence: The Future of Economic Growth in a Multispeed World*, New York: Farrar, Straus and Giroux, 2011。

3. 参见 S. Chaturvedi, T. Fues, E. H. Sidiropoulos eds., *Development Cooperation and Emerging Powers: New Partners or Old Patterns?* London/New York:

Zed Books，2012。

4. 参见 M. Spence，*The Next Convergence*：*The Future of Economic Growth in a Multispeed World*，New York：Farrar，Straus and Giroux，2011；OECD，*Perspectives on Global Development 2010*：*Shifting Wealth*，Paris：OECD，2010。

5. D. Harris，M. Moore，H. Schmitz，*Country Classifications for a Changing World*，Discussion Paper 9，Bonn：Deutsches Institut für Entwicklungspolitik/German Development Institute(DIE)，2009；S. Koch，*From Poverty Reduction to Mutual Interests? The Debate on Differentiation in EU Development Policy*，Discussion Paper 13，Bonn：Deutsches Institut für Entwicklungspolitik/German Development Institute(DIE)，2012.

6. 因而，过去欠发达国家的发展合作仅有 3 个等级。参见 UNCTAD，*The Least Developed Countries Report 2011*：*The Potential Role of South-South Cooperation for Inclusive and Sustainable Development*，New York/Grenf：UNCTAD，2011。

7. S. Radelet，*Emerging Africa*：*How 17 Countries are Leading the Way*，Washington，D. C.：Center for Global Development，2010.

8. 参见 A.Stamm，*Schwellen-und Ankerländer als Akteure einer globalen Partnerschaft*，*Überlegungen zu einer Positionsbestimmung aus deutscher entwicklungspoliticscher Sicht*，Discussion Paper 1，Bonn：Deutsches Institut für Entwicklungspolitik/German Development Institute(DIE)，2004。

9. S. Koch，*From Poverty Reduction to Mutual Interests? The Debate on Differentiation in EU Development Policy*，Discussion Paper 13，Bonn：Deutsches Institut für Entwicklungspolitik/German Development Institute(DIE)，2012.

10. OECD，*Perspectives on Global Development 2010*：*Shifting Wealth*，Paris：OECD，2010.

11. J. Sachs，*The End of Poverty*：*How We Can Make It Happen in Our Lifetime*，London：Penguin，2005.

12. P. Collier，*The Bottom Billion*：*Why the Poorest Countries are Failing and What Can Be Done about It*，Oxford：Oxford University Press，2008.

13. 参见 S. Chen，M. Ravallion，*An Update to the World Bank's Estimates of Consumption Poverty in the Developing World*，World Bank Briefing Note，Washington，D.C.：World Bank，2012。

14. A. Summer，*Global Poverty and the New Bottom Billion*：*What If Three-quarters of the World's Poor Live in Middle-income Countries?* Working Paper，Suxxex：Institute for Development Studies，2010；A. Summer，"Where Do the Poor Live?" *World Development*，Vol.40，Issue 5，2012，pp.865—877.

15. P. Collier，*The Bottom Billion*：*Why the Poorest Countries Are Failing and What Can Be Done about It*，Oxford：Oxford University Press，2008.

16. 参见 S. Koch，*From Poverty Reduction to Mutual Interests? The Debate on Differentiation in EU Development Policy*，Discussion Paper 13，Bonn：Deutsches Institut für Entwicklungspolitik/German Development Institute（DIE），2012。

17. D. Nohlen，F. Nuscheler，“Was heißt Entwicklung?” in D. Nohlen，F. Nuscheler eds.，*Handbuch der Dritten Welt. Unterrentwicklung und Entwicklung：Theorien，Strategien，Indikatoren*，Band 1，Hamburg：Hoffman und Campe，1982，pp.11—24.

18. “神奇的五边形”包括增长、劳工、平等/正义（结构性变化）、参与和独立/自主性。

19. 参见 WBGU（Wissenschaftlicher Beirat der Bundesregierung Globale Umweltveränderungen），*Welt im Wandel：Gesellschaftsvertrag für eine Große Transformation*，Berlin：WBGU，2011。

20. 参见 OECD，*Development Cooperation Report* 2011：50*th Anniversary Edition*，Paris：OECD，2011。

21. “脆弱地区或国家实施基本治理职能的能力较弱，而且缺乏与社会建立相互建设性关系的能力。脆弱国家也更容易受到内部或外部冲击的影响，如经济危机或自然灾害。适应性更强的国家展现了控制其人口与领土的能力与合法性。它们能够管理和适应不断变化的社会需要和预期、精英与其他政治协议的转换，以及不断增长的机构复杂性。脆弱性与适应性应该被视为一定范围中的变换点（shifting points in a spectrum）。”参见 OECD/DAC，*Development Cooperation Report 2012*，Paris：OECD，2012，p.15。

22. 参见 OECD/DAC，*2012 DAC Report on Multilateral Aid*，draft：07 Februrary 2013，Paris：OECD，2013，p.17。

23. 参见 M. Ottaway，“Entwicklungszusammenarbeit in fragile Staaten，” in Bundesministerium für wirtschaftliche Zusammernarbeit und Entwicklung eds.，*Fragile Staaten：Beisieleaus der entwicklungspolitischen Praxis*，Baden-Baden：Nomos，2007，pp.11—20。

24. 参见 World Bank，*World Development Report 2011：Conflict，Security，and Development*，Washington，D.C.：World Bank，2011。

25. 参见 A. Hoeffler，*Growth，Aid and Policies in Countries Recovering from War：A Thematic Paper Supporting OECD DAC INCAF Project ‘Global Factors Influencing the Risk of Conflict and Fragility’*，Paris：OECD，2012，p.4。

26. World Bank，*World Development Report 2011：Conflict，Security，and Development*，Washington，D.C.：World Bank，2011.

27. 参见 A. Hoeffler，*Growth，Aid and Policies in Countries Recovering from War：A Thematic Paper Supporting OECD DAC INCAF Project “Global Factors Influencing the Risk of Conflict and Fragility”*，Paris：OECD，2012。

28. 参见 OECD/DAC，*Fragile States 2013：Resource Flows and Trends in a Shifting World*，DAC International Network on Conflict and Fragility，Paris：OECD，2012。

29. 参见 S. Klingebiel，K. Roehder，"Interfaces between Development and Security：Converging the Role of Development Policy and Security Policy?" in H. G. Brauch et al. eds.，*Globalisation and Environmental Challenges：Reconceptualising Security in the 21st Century*，Berlin[u.a.]：Springer，2008，pp.743—752。

30. 参见 L. Brock，N. Deitelhoff，"Der normative bezugsrahmen der internationalen Politik：Schutzverantwortung und Friedenspflicht，" in B. Schoch et al. eds.，*Friedensgutachten 2012*，Berlin：LIT Verlag，2012，pp.99—111。

31. 参见 T. Debiel，N. Goede，"Militärinterventionen und Stabilisierungseinsätze：eine kritische Zwischenbilanz，" in M. Johannsen et al. eds.，*Friedensgutachten 2011*，Berllin：LIT Verlag，2011，pp.194—207。

32. 参见 S. Rietjens，M. Bollen eds.，*Managing Civil-military Cooperation：A 24/7 Joint Effort for Stability*，Aldershot/Burlingtom：Ashgate，2008；S. Klingebiel，K. Roehder，"Interfaces between Development and Security：Converging the Role of Development Policy and Security Policy?" in H. G. Brauch et al.eds.，*Globalisation and Environmental Challenges：Reconceptualising Security in the 21st Century*，Berlin[u.a.]：Springer，2008，pp.743—752。

33. 参见 C. Daase，"Wandel der Sicherheitskultur，" *Aus Politik und Zeitgeschichte* 50，2010，pp.9—16。

34. 参见 S. Gänzle，B. Franke，"Afrikanische Friedens-und Sicherheitsarchitektur：Institutionalisierte Zusammenarbeit in und für Afrika，" *Aus Politik und Zeitgeschichte* 50，2010，pp.31—37；S. Klingerbiel et al.，*Donor Contributions to Strengthening the African Peace and Security Architecture*，Studies 38，Bonn：Deutsches Institut für Entwicklungspolitik/German Development Institute (DIE)，2008。

35. 参见 J. Grävingholt，C. Hofmann，S. Klingebiel，*Development Cooperation and Non-state Armed Groups*，Studies 29，Bonn：Deutsches Institut für Entwicklungspolitik/German Development Institute(DIE)，2007。

36. 每个国家仅属一个类型。撒哈拉以南非洲的少数国家并未被考虑在内。参见 IMF，*Sub-Saharan Africa：Maintaining Growth in an Uncertain World*，Regional Economic Outlook，Washington，D.C.：IMF，2012；S. Klingebiel，*Entwicklungszusammenarbeit：Auslaufmodell oder Entwicklungsmotor für Subsahara-Afrika?* Analysen und Stellungnhmen 3，Bonn：Deutsches Institut für Entwicklungspolitik/German Development Institute(DIE)，2012。

37. 参见 S. Radelet，*Emerging Africa：How 17 Countries are Leading the Way*，Washington，D.C.：Center for Global Development，2010。

38. IMF，*Sub-Saharan Africa*：*Maintaining Growth in an Uncertain World*，Regional Economic Outlook，Washington，D.C.：IMF，2012.

39. S. Klingebiel，*Entwicklungszusammenarbeit*：*Auslaufmodell oder Entwicklungsmotor für Subsahara-Afrika*?

40. Ibid.

41. 参见 E. Lundsgaarde，M. Roch，“Mapping Development Trends in Africa,” in *Lundsgaarde ed.*，*Africa toward 2030*：*Challenges for Development Policy*，Basingstoke：Palgrave Macmillan，2012，pp.36—62。

42. 参见 World Bank/IFC(International Finance Cooperation)，*Doing Business 2013*，Washington，D.C.：World Bank/IFC，2012，p.3f。

43. 参见 S. Klingebiel，T. Mahn，*Die Reform der öffentlichen Finanzsysteme in Entwicklungsländern als Beitrag zur Verbesserung der Regierungsführung*，Analysen und Stellungnahmen 5/2011，Bonn：Deutsches Institut für Entwicklungspolitik/German Development Institute(DIE)，2011。

44. S. Klingebiel，*Entwicklungszusammenarbeit*：*Auslaufmodell oder Entwicklungsmotor für Subsahara-Afrika*?

45. 参见 OCED/DAC，*Development Cooperation Report 2011*：*50th Anniversary Edition*，Paris：OECD，2011；OCED/DAC，*Development Cooperation Report 2012*，Paris：OECD，2012。

46. 参见 S. Radelet，*A Primer on Foreign Aid*，Working Paper 92，Washington，D.C.：Center for Global Development，2006。

47. 参见 IMF，*Sub-Saharan Africa*：*Maintaining Growth in an Uncertain World*，Regional Economic Outlook，Washington，D.C.：IMF，2012；AfDB et al.，*African Economic Outlook 2012*，Paris：OECD，2012；S. Klingebiel，*Entwicklungszusammenarbeit*：*Auslaufmodell oder Entwicklungsmotor für Subsahara-Afrika*?

第四章

诸多方法：发展援助方式

援助者以不同形式向伙伴国提供发展合作。具体采取哪种形式取决于大量因素。针对伙伴国不同的情况，援助者有必要采取不同的方法。一个有效的伙伴国（如印度）对如下问题有非常准确的想法，即发展合作如何能够补充自身的努力。这个伙伴国也有一系列管理与使用外部援助的广泛手段。在那些拥有弱国家结构且政府无法激发信心的国家（附庸政府、脆弱国家等）中，情况有所不同。在发展合作中，重要的是利用伙伴国的能力，尤其是当这些能力十分薄弱的时候，以便长期加强伙伴国的能力。

发展援助的方式体现为如下手段[1]：

（1）技术合作（techinical cooperation，TC）意在以建议、技术的方式支持伙伴国，因而有助于提升管理发展进程所需的可持续能力。因此，该手段一般涉及能力发展。

（2）金融合作（financial cooperation，FC）主要意在提供资源，使伙伴国能够进行必要的投资与开支。这些投资与开支对于发展进程是至关重要的。例如，金融合作采取为学校建设提供资金的形式，或为伙伴国的减贫计划预算提供资源的形式。

这两种手段都备受争议。技术合作在许多领域被视为不可持续的，因为由于其顾问等或许在提供技术合作方面具有重大利益。[2]诸多措施往往在国际上并不显眼，伙伴国自己管理项目的能力也有限。因此，发展中国家往往对技术合作的“供给定位”（supply orientation）并不满意。当金融合作并未在国际上公布(例如,由于援助的条件性),或金融合作显然并不符合伙伴国的优先事项时,金融合作也备受批评。由于根本缺陷或许不在于金融资源的缺失,而在于国家的管理不善,纯粹的金融性支持甚至会造成更严重的不良治理。

一些援助者遵照技术合作与金融合作之间的区分(例如,在大多数情况下,德国、联合国诸多基金与诸署提供技术合作),然而,其他援助者放弃了这种工具性区分的形式(例如,英国、日本的发展合作)。

至于发展合作的实施,进一步的区分涉及所谓援助方式(aid modality)。它分为项目支持(project support)与计划融资(programme financing)。[3]

发展合作项目是由援助者规划与实施的,以帮助伙伴国。因此,一个特定的援助项目用于实现某个特定目标。一般而言,这种项目不会成为伙伴国正常架构的一部分(例如,某个部委的标准组织单位),而是为发展合作设计的。优势就在于如下事实,即一个发展合作项目可以得到精心安排与实施,以至于成功的前提条件是相对有利的。例如,一个优势或许是,该项目提供了诸多机会,以保持一系列非常好的工具,组织国际研讨会,或许会避免花费较多的国内采购要求。因此,这种项目是相对灵活的(例如,在冲突后的局势中或许很重要),但其影响可能有限,因为该项目不适合作为一种模型。在最坏的情况下,它或许会产生不利影响,如果项目用高薪诱使办事高效的行政人员离开伙伴国的行政部门,伙伴国就被削弱了。

计划融资的目的是帮助伙伴国自己设计的计划,而不是支持由援助者设立的独立项目。[4]援助者的捐赠在于联合支持某个计划(因而避免使用不同的方法),直接利用伙伴国的体系,从而会加强伙伴国的能力。预算支持是计划融资的一种形式。这种支持是财政资助,或许受制于前提条件。计划融资最重要的特征是援助者与伙伴国在实施方面的对话。因此,计划融资需要伙伴国平稳运转并具备值得信赖的架构。如果这一条件没有得到满足,储蓄盈余至少可以实现,连贯性得以保证,而且伙伴国机构所承担的负担得以缓解,因为援助者采用了一个联合的方法(资源集中)。

对卢旺达的预算支持

21 世纪初以来，预算支持在 5 个方面有助于卢旺达的发展[5]。

(1) 预算支持极其有益于卢旺达国家发展战略的实施。没有预算支持，卢旺达可用于为改善生活条件与促进经济增长(例如，通过交通基础设施)奠定必要的基础的金融资源将大大减少。即使有发展援助，卢旺达的预算也相当少，每个财政年度仅有约 12 亿欧元(人口大约为 1 000 万)，与欧洲一个中等城市的预算相当。一般预算与部门预算支持大约占国家预算的 20%至 25%；预算援助者与卢旺达政府也意识到，卢旺达需尽自己的努力获得更多的收入。

(2) 在卢旺达，如同在其他伙伴国一样，预算支持是优先选择的合作手段。伙伴国认为这使自己有能力对自己的需要作出最佳回应，也实现最具可持续性的结果。

(3) 对卢旺达而言，预算支持是对实施改革政策的一种激励。对卢旺达有利的一个重要因素是，它不仅明确表示愿意制定出改革政策，而且实际上愿意实施这些政策。预算支持也有可能使预算能够把重点放在减贫上，加强公共财政管理，改善私人部门的诸多条件。从某些方面来看，卢旺达在实施一些改革政策方面取得了相当大的进步。例如，卢旺达极大地提高了其在世界银行《经商》中的排名及其公共财政管理水平。

(4) 预算支持通过国家(监管)体系与程序强化了卢旺达的治理结构。卢旺达议会是预算援助的主要倡导者之一，因为议会对预算(包括预算支持的资源)的审查加强了自身的角色。然而，卢旺达议会在大多数其他形式的发展合作中不起任何作用。卢旺达审计办公室也是如此：如下事实从政治上提升了该办公室的地位，即该办公室评估预算支持的使用方式。相似的是，预算支持强化了卢旺达公布公共合同的程序。

(5) 最后，预算支持在卢旺达作出重要贡献，有助于改善援助者的协调性、发展合作的有效性与效率。预算支持由所有参与的援助者与伙伴国进行讨论，这在很大程度上有助于避免相互冲突的建议、对“最佳项目”的竞争等。

与此同时，在预算支持中，政治观念正在发挥更大影响。2012 年中期以来，许多援助者在向卢旺达分配预算支持方面犹豫不决或暂停提供预算支持。联合国专家的一份报告确认了卢旺达机构对刚果民主共和国东部冲突的干预，促进了这一行为。

以结果为基础的发展合作方法

一般而言,所有发展合作方法意在实现"结果"(results)。有关以结果为基础的方法的国际争论有别于以往的争论,因为发展合作在实践上往往依据输入与进程的需要而相应地调整。在许多情况下,资源被用于投资(例如学校建设)或咨询服务(例如教育部门),但是往往无法作为可以证明发展合作措施成功的"结果"(在输出、特别是产出的意义上)。发展合作的成功反而需要输入与进程指标的帮助才能被记录下来,这些指标可以说明一国教育部门的支出是否增加,或者达成的改革文件(如教育部门的战略)是否已被批准了。尽管这种方法说明了如何评价伙伴国的发展活动,但是其内容是有限的,原因有二。第一,往往并不清楚或无法保证的是,所寻求的结果实际上已经实现了。例如,由于教育开支的增加和所提供的咨询服务,更多的孩子接受教育了吗?中途辍学者接受的教育达到什么水平呢?第二,发展援助在这种情况下发挥着什么作用?如果这些结果都实现了,它们与发展合作活动有因果关系吗?

以结果为基础的方法关注这一点,并寻求确定可量化、可衡量的结果。这些结果可能直接归因于以发展合作方式所获得的支持的效果。有关以结果为基础的方法的两个争论截然不同[6]。

第一,以结果为基础的援助(results-based aid, RBA)方法是援助者与伙伴国政府之间一种新形式的契约关系。近年来,全球发展中心(the Centre for Global Development, CGD)所提出的现金转账(the Cash on Delivery)概念成为一个特别的争论话题。[7]

以结果为基础的援助确定了一个准确界定的结果。仅当这一结果得以实现时,先前确定的援助数额才会被交付。这种捐赠方式应该足以激励受援国确保工作实际完成。每项达成的步骤都会在事后得到帮助或奖赏。一个独立的第三方衡量与评价目标达成的情况。(见图 4.1)

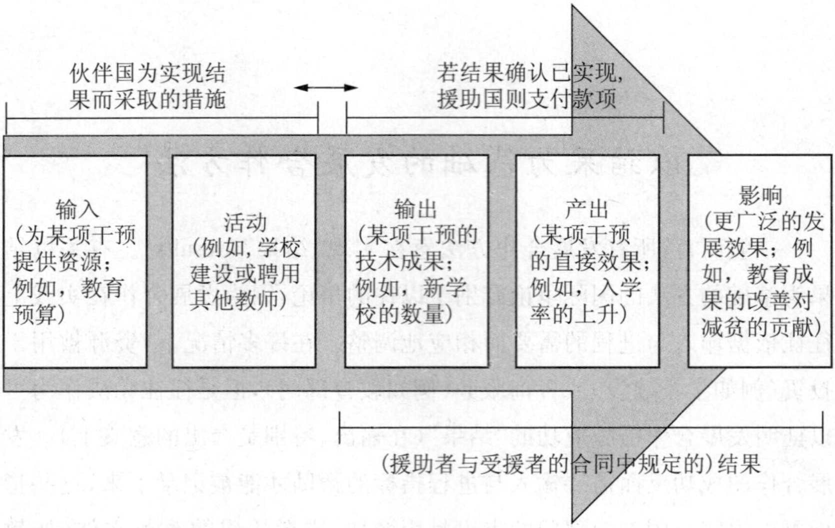

资料来源:作者汇编。

图 4.1 以结果为基础的援助效果链

这种以结果为基础的援助合同可能规定,伙伴国政府将会因学生毕业(根据公认的质量标准衡量)而获得一定数量的援助。这一援助额每年根据目标实现的情况支付,不附带任何其他条件。这种形式的发展援助不求反映实现目标所带来的成本,反而起到适当激励伙伴国的作用,以消除发展所面临的障碍,例如无法提供资源或实施适当的政策。因此,或许大家公认的是,可以为每个小学生提供 50 欧元援助;另外,为了鼓励女孩入学,提供给每个小学女生的数额应该有所增加。

如果以结果为基础的方法要起作用,那么可靠的指标与适当(定期收集)的数据以及准确界定的目标(结果)是有必要的。对于以结果为基础的方法的成功而言,可量化的、可衡量的指标是至关紧要的,因而那些意在提供服务的部门特别适合采用这种方法;社会部门、家庭供水及能源供应也是如此。在其他领域(如分权、公共财政管理),指标、衡量方法等方面的要求更难以做到,但是在个别案例中,一些调整手段能够满足这些要求。

好多个领域有以结果为基础的援助建议,这些建议包括从以绩效为取向的预算支持手段(例如,欧盟预算支持的各种款项)到在一个特定部门中寻求实现一个具体结果(例如,辍学者的数量)的诸多方法。

第二,以结果为基础的融资(results-based financing, RBF)存在于一个伙伴国内部的契约关系中。有关这些方法的争论以“新公共管理”为题,始于经济合作与发展组织国家。契约关系形成于一个政府部门与服务提供者(社会团体、卫生中心或类似的机构)之间。后者被要求提供某种特定服务。例如,目标或许是提高出生率。如果说运输医疗设施的成本在此背景下是个重大问题,那么为孕妇提供有助于便利交通的运输凭证或许会消除一个严重障碍。

以激励为基础的服务

数年来,援助者(如世界银行、英国、德国)大规模地支持以结果为基础的融资活动。[8]这种融资活动所适用的领域主要是社会部门与基础设施。例如,这些活动包括对目标群体的有条件性的付款。它们同意将使用(例如,卫生部门的)某些服务;作为回报,它们将收到一定数额的钱。另一种形式或许在于激励服务提供者,以促使它们提供某些双方认可的有质量的服务,例如,以输出为基础的援助(Output-Based Aid, OBA)、绩效薪酬(Pay for Performance, P4P)、以绩效为基础的契约等。服务提供者按每位受益者或每个服务单位(例如,一公里道路的保养)获取固定数额的资金。

尽管这两种方法是以同一原理(激励效应)为基础的,但是干预的程度截然不同:以结果为基础的援助涉及援助者与受援者之间的关系(激励体系旨在激励伙伴国实施一项意在实现结果的政策),而第二种方法涉及委托者(例如,伙伴国的某一部门)与实际服务提供者之间的契约关系。这种方法的目的是提供具有充分吸引力的激励,以使服务得以提供。在个别案例中,两种方法能够结合在一起,但这并非是必要的。

以结果为基础的援助方法的优缺点

迄今为止,以结果为基础的援助方法几乎没有实践经验。[9]在预算支持方面,数年来,欧盟一直使用一种类似于以结果为基础的援助的手段,即可变款项(variable tranches)。这种手段是以绩效协议为基础的,所使用的结果指标与卫生、教育与水资源部门特别相关。在预算支持方面的重要方法中,以绩效为基础的款项方法有积极经验,因为渐进付款程序致使发展援助流入的情况在某种程度上可以预测,起到绩效激励的作用。美国千年挑战公司(the Millennium Challenge Corporation, MCC)的项目同样采用了一个以结果为基础的方法,因为该方法或许仅能用于那些满足一系列指标所阐明的要求的国家。英国国际发展部(DFID)目前正准备在非洲一些国家实施以结果为基础的项目,大多数是在教育部门。2011 年,世界银行将以结果为导向的项目融资(Program-for-Results Financing)增列到其援助手段之中,这也是一种以结果为基础的方法。

可以确定的是,几乎没有实践经验的方法有潜在的优缺点。例如,全球发展中心所提出的现金转账方法(the Cash on Delivery approach,用于取得实际结果的资金)[10]及其相似的方法也是如此。

以结果为基础的方法的优点或许包括如下几点:

● 行为直接根据结果的需要而相应地调整:援助者与伙伴国政府的行为很大程度上是由结果所决定的。(由于激励效应)发展合作项目与结果之间的联系更加紧密。

● 激励的相关性:发展合作的捐赠会强有力地激励伙伴国采取必要行动。

● 伙伴国实施项目的责任增大了:应由伙伴国政府来实现结果。援助者并不承担实施项目的责任,因而伙伴国的体系得以强化。

● 发展合作结果更好的例证:在个别案例中,"归因差距"(attribution gap)(当结果在因果上与发展援助并不相连时,这种情况会出现)可以被更好地弥合。这或许有助于援助者向其公众表明发展合作的实际好处(发展伙伴的认知度);然而,"自动归因"在这种情况下并非可能的。

缺点或局限或许存在于如下(及其他)方面[11]:

● 伙伴国体系对绩效激励的敏感性:该概念假定,伙伴国易受绩效激励的影响。这适用于一些伙伴国,因为这些伙伴国往往表现优秀,或至少有一些有能力的机构(有效性)。

● 非激励因素、非预期效应、非系统行为:一般情况下,非激励因素会带来风险;对个别结果的重点关注往往导致非系统分析与方法。例如,实现结果的重压或许导致某个部门的其他任务被忽视。事实上,可能并不太恰当的指标具有风险,即伙伴国的政策过于注重量化结果。如果说仅将辍学者的数量作为"结果"记录在册,那么教育体系的质量具有严重下降的危险(每个班级小学生人数的增加等)。另一个问题是,伙伴国的进程是否没有被激励效应破坏(例如,议会所确定的预算优先事项)。

● 诸项能力:该方法假定,伙伴国有取得结果所需要的诸项能力。如果伙伴国的能力不足,公共财政管理体系不够完善,那么认为这些结果能够实现的想法是不切实际的。

● 部门与数据:以结果为基础的方法不能在所有部门都取得较好的效果。卫生、教育等诸如此类的社会部门、基础设施绩效易于衡量的部门(交通、家用水供应等)的条件相对较好。在其他领域,一些结果更难以衡量或更难与伙伴国达成一致(如在善治的一些领域),而且直接效应并不能总是在同一水平上。此外,该方法或许会极大地激励数据建设。

● (一些)以结果为基础的援助方法脱离了其政治语境/省略了政策对话:以结果为基础的援助方法根据取得的结果实行自动支付,或许会在不利的环境下造成发展伙伴不得不进行支付的情况,尽管受援国存在严重的治理问题(如对人权的普遍侵犯)。

● 融资能力发展不足:该方法为伙伴国预先提供了项目的资金。对于低收入国家而言,这或许是一个严重障碍,因为这些国家的预算回旋余地是有限的。然而,创业融资模式是有可能的。

● 时间范围:如果某些结果仅在中长期内才能实现的话,那么短期政治因素(议会任期等)或许有利于那些产生早期效果的诸多项目。因而,以结果为基础的援助很容易采取短期视角。

在国际争论的背景下,如下结论是重要的。第一,以结果为基础的方法包括一系列极为广泛的手段与行动方针。我们可以对以结果为基础的援助方法和以结果为基础的融资方法进行简单但重要的区分。第二,现有手段已经使得提供绩效激励更加容易了。例如,将预算支持分为可变款项的方法就是如此。第三,以结果为基础的其他援助方法(如现金转账)的实践经验仍旧缺失。在这种情况下,人们有理由担心缺点(特别是非激励因素)将会超过优点。应当开展试点项目(pilot projects),这样不仅可以看到以结果为基础的援助方法在原则上可行,而且还可以看到相比于其他援助方法,这些方法能取得更多的结果。第四,一些以结果为基础的援助方法将来所带来的政治利益,即产生有关结果的确切证据的能力,在某些方面至少只是种幻想。一般情况下,各种效应之间的联系是复杂的,而且非预期效应也必须予以考虑。最后,以结果为基础的援助方法意味着伙伴国对绩效的明确偏好。富有活力地进行改革的国家(表现优秀的国家)尤其如此。这意味着该方法对面临最大挑战的国家是不起作用的。

注　释

1. 参见 T. Rauch, *Entwicklungspolitik*, Braunschweig: Westermann, 2009; H. Ihne, J. H. Wilhelm, "Grundlagen der Entwicklungspolitik," in H. Ihne, J. H. Wilhelm eds., *Einführung in die Entwicklungspolitik*, Münster: LIT Verlag, 2006, pp.1—40; F. Nuscheler, *Entwicklungspolitik*, Bonn: Bundeszentrale für politische Bildung, 2006。

2. 参见 T. Rauch, *Entwicklungspolitik*, Braunschweig: Westermann, 2009; Actionaid, *Real Aid: Ending Aid Dependency*, London: Actionaid, 2011。

3. 参见 R. Mallet, A. Sumner, *The Future of Foreign Aid: Development Co-operation and the New Geography of Global Poverty*, Basingstoke: Palgrave Macmillan, 2013; H. Janus, *External Support to National Development Efforts*, literature review(draft), Bonn: Deutsches Institut für Entwicklungspolitik/German Development Institute(DIE), 2012。

4. 参见 S. Klingebiel, S. Leiderer, P. Schmidt, *Wie wirksam sind neue Modalitäten der Entwicklungszusammenarbeit? Erste Erfahrungen mit Programme-Based Approaches(PBA)*, Discussion Paper 7, Bonn: Deutsches Institut für Entwicklungspolitik/German Development Institute(DIE), 2007; H. Janus, *External Support to National Development Efforts*, literature review(draft), Bonn: Deutsches Institut für Entwicklungspolitik/German Development Institute(DIE), 2012。

5. 参见 S. Klingebiel, *Stellungnahme zum Thema "Budgethilfen"*, Schriftliche Stellungnahme im Rahmen der öffentlichen Anhörung des Deutschen Bundestages, Kigali: Ausschuss für wirtschaftliche Zusammenarbeit und Entwicklung, 2011。

6. 参见 J. Pereira, C. Villota, *Hitting the Target? Evaluating the Effectiveness of Results-based Approaches to Aid*, Brussels: Eurodad, 2012; S. Klingebiel, *Fragile States 2013: Resource Flows and Trends in a Shifting World*, DAC International Network on Conflict and Fragility, Paris: OECD, 2012。

7. 参见 N. Birdsall, W. D. Savedoff, *Cash on Delivery: A New Approach to*

Foreign Aid，Washington，D. C.：Center for Global Development，2010。

8. 参见 A. M. Grittner，*Results-based Financing*：*Evidence from Performance-based Financing in the Health Sector*，Discussion Paper 06，Bonn：German Development Institute/Deutsches Institut für Entwicklungspolitik/German Development Institute(DIE)，2013。

9. 参见 S. Klingebiel，*Results-Based Aid*（*RBA*）：*New Aid Approaches*，*Limitations and the Application to Promote Good Governance*，Discussion Paper 14，Bonn：Deutsches Institut für Entwicklungspolitik/German Development Institute（DIE)，2012。

10. 参见 N. Birdsall，W. D. Savedoff，*Cash on Delivery*：*A New Approach to Foreign Aid*，Washington，D.C.：Center for Global Development，2010。

11. 参见 S. Klingebiel，*Results-Based Aid*（*RBA*）：*New Aid Approaches*，*Limitations and the Application to Promote Good Governance*；J. Pereira，C. Villota，*Hitting the Target*？*Evaluating the Effectiveness of Results-based Approaches to Aid*，Brussels：Eurodad，2012。

第五章
中等收入国家的新型发展合作观[1]

导　言

2013年6月，联合国工业发展组织(UNIDO)在哥斯达黎加组织召开了中等收入国家高端会议(the High-Level Conference of Middle-Income Countries)，审视发展的未来。该会议特别强调网络在克服可持续发展的挑战以及重塑国际合作方面的角色，无论是在中等收入国家，还是与其一道。[2]在主题的选择上，该会议将当前讨论如何实施2030年可持续发展议程的两个议题结合在一起：其一为网络与伙伴关系；其二为与中等收入国家的合作。

对于2030年可持续发展议程而言，网络与伙伴关系日益成为有关“实施手段”与“全球伙伴关系”争论的重要主题。[3]作为一个通用术语，网络意指一系列稳定的长期关系。通过这种关系，自主但相互依赖的行为体有意识地协调其行动，动员资源以实现共同目标。[4]更具体地说，当能力与资源广为分散，而且合作无法在等级制下由一个主要权威实施时，网络被视为组织集体行动的治理方式。这样看来，对于2030年可持续发展议程的许多挑战而言，网络似乎是个适当的治理机制。

2030年可持续发展议程所呼吁的转型性变革需要一系列广泛的公共行为体与私人行为体的集体行动。这一合作性努力远远超出了政府间主义以及中央政府自上而下实施的范围。非国家行为体(市民社会组织、私人部门、研究机构等)、次国家行为体(地方政府、城市、市政府等)在决策与国际合作中承担着如同功能完整的行为体一样的角色。因此,2030年可持续发展议程对集体行动的要求很高。

对集体行动的需求不断增长,但是并未得到满足,这导致实施方面的巨大鸿沟。一个重要鸿沟是"整合性"治理方法的缺失。这一方法能够包含多种行为体,涉及诸多议题,联系不同的治理层次——从地区到全球。作为治理机制,网络具有弥补这些鸿沟的特点,如果可以克服集体行动问题的话。"协调"(orchestration)被视为一种解决集体行动问题、支持可持续发展的诸多领域的网络的一种潜在战略。[5]本章借鉴这一概念,提出了一种手段,即国际发展行为体能够以此支持网络,缩小 2030 年可持续发展议程实施中的鸿沟。

笔者认为,这一手段应该特别关注中等收入国家。在处于发展阶段的中等收入国家,网络有望成为国内政策决策及其参与全球治理的重要组成部分。中等收入国家面临着复杂的社会、经济与政治转型,这些转型与跨境挑战、全球公共产品等全球性挑战紧密相连。克服这些挑战取决于中等收入国家的行为体如何有效地参与网络。双边发展机构、多边组织等国际发展行为体可以将协调作为中等收入国家未来合作方式的一部分。为此,中等收入国家需要逐步从资源、建议与技术解决方案的提供者转向集体行动的中介。

本章首先解释为何网络视角对于中等收入国家是特别相关的。第二,本章利用协调的概念介绍一种手段,这种手段能够支持网络落实 2030年可持续发展议程。第三,本章列举发展合作的双边提供者与多边组织的例子,以着手检验中等收入国家中相似的方法。最后,本章对中等收入国家发展合作的未来予以总结。

中等收入国家与网络

联合国工业发展组织致力于"繁荣的网络"(Networks for Prosperity)倡

议的连通性指数(the Connected Index)表明收入水平与国家经由网络的(国内与跨国)连通性之间的相关性。[6]一般而言,中等收入国家低于高收入国家,但高于低收入国家。然而,就连通性而言,鉴于这一收入群体本身的多样性,中等收入国家的分布是广泛的。毕竟,中等收入国家包括金砖国家(巴西、俄罗斯、印度、中国与南非)、二十国集团国家等地区性大国与全球性大国;从中国、印度等人口大国到图瓦卢等小岛国家;陷入冲突的脆弱国家(如伊拉克、叙利亚、尼日利亚);欠发达国家(如也门、孟加拉国)。中等收入国家的人均国内生产总值从吉布提、塞内加尔的1 000多美元到巴西、土耳其的1万美元不等。

公共政策分析、全球治理研究也支持发展水平与网络作为治理方式的扩展之间的联系。[7]公共政策分析表明,社会在其发展过程中,功能变得更加分化,催生了各种次政策体系。相似的是,国家机器更加碎片化,更多地与不同的次体系中的其他行为体互动。决策的复杂性增加了,因为政策资源越来越广泛地分散在政治管理体系内外。政府必须在政策网络中与并不受其直接控制的行为体合作,以制定与实施政策。[8]跨国与跨政府网络的连通性也往往随着发展而增大,因为过去的国内政策领域全球化了,公共行为体与私人行为体有充分的能力参与这些形式的合作。

西方多元社会的经验极大地影响着对于网络作为治理方式的作用的研究。然而,对发展中国家的决策研究支持如下观点,即网络在中等收入国家也扮演着重要角色。尽管国家显然是"发展型国家"或"国家引导型发展"等概念的核心,但是决策远非是纯粹由自上而下的政府指导所主导的。[9]特别是,政府社会行为体接触的能力被视为发展成功的一个关键因素。中等收入国家的决策显示出国家—社会关系、公私合作方面的一些创新。[10]例如,非政府组织日渐具有重大意义,尽管根据国内环境,这些组织之间存在很大差异。此外,中国、印度等国家正在国内采用公私伙伴关系等替代性治理机制,在这一过程中形成自己的治理方式。[11]

为了步入高收入国家行列,关键的似乎是适应更为复杂的决策现实。无疑,中等收入国家的挑战因其国内环境、当地环境而截然不同。极端贫困与基本需求的议程仍未过时,因为世界上大多数生活在极端贫困中的人口仍在中等收入国家。[12]中等收入国家的发展挑战涵盖2030年可持续发展议程的所有可持续发展目标(SDGs),从国家脆弱性、无效治理到城市化、气候变化。就这一点而言,中等收入国家的一些问题与贫穷国家、富国有共同之处。其中一些挑战来自需要由资金转移、技术与知识转让来解决的"鸿沟"(如贫困、基础设施、气候适应性)。中等收入国家的其他特有挑战往往被称为"陷阱"。[13]这些过渡性挑战本质上是政治性的,而非资源不足的问题。[14]例如,"中等收入陷阱"就是如此,即处于某种发展阶段的国家难以经由人类技能的提高、技术发展、创新与其他改革进一步提高生产力。[15]对于决策而言,相似的挑战包括经济增长与绿色转型相协调的问题或创设制度以管理更为发达的经济并且应对需求更高的社会(如"崛起的中产阶级")。[16]诸如此类的问题需要不同利益集团(如早期发展产业与"改革者")之间磋商式的解决办法。网络是能够提供诸如此类的解决办法的治理机制,只要相关行为体克服集体行动的障碍。

中等收入国家的国内转型与区域或全球发展挑战密切相关。中等收入国家与世界其他国家的相互依赖日趋加深,而且其发展轨迹已经影响到其他国家以及全球公共产品的供给。反过来,国际金融架构、贸易体系、气候机制等全球框架影响着中等收入国家克服国内挑战的能力。不同类型的网络,如私人治理网络、多方利益相关者的伙伴关系、跨国公私伙伴关系、跨政府网络,已经成为国际合作的必要组成部分,以管理这种相互依赖关系并应对相关的挑战。[17]在这些网络中,行为体——其主要活动往往是在当地或国内开展——在国际合作中承担着一份角色。这类合作对于多边体系等正式国际制度而言是重要的补充,因为正式国际制度在适应不断变化的全球背景方面行动迟缓。

许多全球治理网络发挥着与全球可持续发展相关的作用。[18]例如,C40 城市气候领导联盟(the C40 Cities)是一个全球主要城市交流气候变化知识的网络。采掘业透明度倡议(the Extractive Industries Transparency Initiative, EITI)、森林管理委员会(the Forest Stewardship Council)是多个利益相关者的跨国伙伴关系,设定了资源开采和使用的标准。金融稳定委员会(the Financial Stability Board, FSB)也是金融监管和管制领域的跨政府网络,由中央银行行长、金融监管者与部级官员构成。全球疫苗和免疫联盟(the Global Alliance for Vaccines and Immunization, Gavi)

是一个跨国公私伙伴关系,为全球疫苗和免疫项目提供融资。最后,全球疫情警报和反应网络(the Global Outbreak Alert and Response Network, GOARN)是一个联系专家与技术机构的平台,以共享信息,协调应对疾病的爆发。

学者们已开始分析发展中国家与新兴国家的行为体在这些网络中的角色。[19]例如,在2008年金融危机之后,二十国集团中的新兴国家更加有条不紊地参与到金融管制和监管领域的跨政府网络(金融稳定委员会、巴塞尔委员会)之中。新兴国家在跨国私人治理方面也发挥着越来越多的作用,如国际会计准则委员会(the International Accounting Standards Board)。[20]然而,中等收入国家总体上仍然对国际合作持保守的、以国家为中心的、对主权敏感的看法。国际关系中对"新兴国家"的许多讨论关注它们在政府间正式组织(配额、席位、投票权)以及俱乐部(二十国集团、金砖国家等)等政府间非正式安排中的作用。相比之下,就网络而言,这些关系是"模棱两可、不明确的……正如新兴国家的市民社会已经发展起来,日益跨越国界"[21]。

总而言之,学者关注到中等收入国家更大范围地参与全球治理网络的机遇与障碍。一方面,替代性治理形式有利于纳入中等收入国家的行为体。协商一致的决策——在大多数网络中所常见的——对主权的关切更为敏感。网络能够为中等收入国家所感兴趣的具体问题提供知识与解决办法。网络提供了灵活性(一种低层次的合法化),为从容退出的选择留有余地。[22]另一方面,中等收入国家的行为体也面临着障碍。席位并不会立即转化为影响。这些网络中的权力不对称与非正式等级制有利于现任行为体。很长时间以来,这些行为体的专业技能与关系的影响不断扩大。[23]此外,高度信任是参与网络化合作所必需的,然而这也许会成为后来者的一个障碍。在许多情况下,网络成员资格的好处或许并不明朗。最后,能力不足仍是中等收入国家行为体所面临的一个重大障碍。"对一国政府的国际部门、国际非政府组织、多国公司的庞大需求仍对资源构成挑战",甚至是在中国、印度、巴西这三个新兴大国也是如此。[24]

一言蔽之,各种网络在全球可持续发展领域的决策与国际合作中的重要性与日俱增。特别是,中等收入国家处于发展的关键阶段,这一阶段往往是以网络的广泛使用为特点的。然而,网络也倾向于出现集体行动问题,这会减少网络的有效性或完全阻碍网络的形成。中等收入国家的行为体在参与网络方面尤其面临着许多其他障碍。笔者接下来利用“协调”这一术语探讨国际发展行为体在支持中等收入国家的网络方面的潜在作用。

协调:为可持续发展解决集体行动问题

协调最初意指国际组织招募或通过调解者采取行动的一种战略,以在不充分的手段与宏伟目标之间弥合差距。[25] 更笼统地来说,协调意指“一个行为体(或一系列行为体),即协调者(the orchestrator),通过第二个行为体(或一系列行为体),即中介者(the intermediary),来治理第三个行为体(或一系列行为体),即目标(the target)”[26]的治理方式。协调者对中介者并不直接地进行分级控制,两者之间也没有经由授权确立委托—代理关系。协调者通过便利措施发挥着“温和的”影响,处理中介者之间的集体行动问题,确定行动导向以实现共同目标。[27]

从更大范围来思考,协调的基本思想与 2030 年可持续发展议程实施过程中的挑战高度相关。如上所述,国家、社会与经济方面的变革需要一系列广泛的(次)国家与非国家行为体之间的治理层次与跨部门的集体行动。许多这些行为体的基本角色或许与可持续发展或国际合作并不相关。相反,大多数行为体或许会在具体部门、当地或国内发挥作用。按照有关协调的文献,这些行为体是实施 2030 年可持续发展议程的重要中介者。与此同时,这些不同行为体之间的集体行动也是个巨大挑战。多边组织(联合国体系)或发展合作的双边提供者等国际发展行为体能够起到协调者的作用,协调诸多网络中的集体行动。就此而言,笔者将对协调的简单理解应用到 2030 年可持续发展议程之中,重点关注协调者如何促进中介者之间的诸多网络。在此,“目标”的概念被一种更普遍的提法所取代,即经由中介者达成的集体行动为落实 2030 年可持续发展议程作出的贡献。

数个多边组织与双边发展行为体已经在气候、环境、卫生或发展政策领域调控着诸多网络。[28]一个典型的例子是全球报告倡议组织(the Global Reporting Initiative, GRI)。1997年,联合国环境规划署(the United Nations Environment Progamme, UNEP)促成了全球报告倡议组织。该倡议组织形成了一个由市民社会中的行为体、私人部门、公共机构,以及国际组织所构成的网络。作为中介者,该网络为可持续性报告制定了诸多用于公司、非政府组织与公共组织的指南。联合国环境规划署主持全球报告倡议组织的规划委员会,在起步阶段增强了对这些指南的认可度,并提供资金支持。许多上面提及的著名全球网络也由国际组织或各国政府进行协调(如世界卫生组织所协调的全球疫情警报与反应网络、英国国际发展部所协调的采掘业透明度倡议)。此处所提出的工具是以上述经验为基础的,可以将协调更系统地应用到2030年可持续发展议程之中。

有关协调的文献检验了有关协调成功的条件的诸多假设。这些假设关系到成功的协调者所具有的诸多特点及最有助于协调的背景。[29]相似的是,越来越多的文献涉及跨国合作倡议的有效性,并确定了网络成功运作的各种条件。[30]笔者接下来将利用其中一些洞见,提出5项关键要素,以概述可用于2030年可持续发展议程的一个协调工具。

确定潜在活动要从研究在2030年可持续发展议程领域的进步是否受到拥有关键政策资源和能力的行为体之间的集体行动问题的限制开始。这些行为体控制着必要的政策资源与能力。答案也包括对相关中介者的识别。此外,集体行动问题的性质必须得以明确,以便于表明便利措施是否以及如何能够有助于克服这一问题。集体行动问题或许源于有缺陷的网络设计(如太高的启动成本或交易成本、缺乏激励、搭便车的行为)或与行为体本身有关的问题(如专业知识的缺失)。从社会资本视角来看,问题或许也源自信任的缺失、沟通问题或中介者之间互动的不良记录。

此外,协调者与所确定的活动领域之间的匹配必须是正确的。有关成功协调的条件以及标准的假设具有引导功能。协调者所应具有的主要特点包括合法性(如道德权威、专业知识、成功经验)、聚焦性(作为相关议题"中枢"的召集力和影响力)。协调者也必须将适当的资源用于(金融、技术、行政与规范方面的)任务。此外,背景必须是有益的;例如,必须存在有手段来实现所预期的结果的中介者,而且其目标必须与协调者的目标大体一致。此外,协调者应该具有对一系列广泛的行为体之间的创新性合作形式持开放态度的组织文化。[31]

第二,所预期的结果应该是明确的。这一工具的总体目标是促成集体行动,以建立或支持促进可持续发展的有效网络。最直接的目标是促成体现为融资、知识共享、标准或其他明确界定形式的捐助。更为间接的是,协调也应该对决策与国际合作产生积极的系统性影响。例如,经由协调的网络能够奠定重要的基础,以在不同行为体之间建立信任、形成共同的合作文化。此外,网络足以连接不同的治理层次,改进这些层次之间的联系。协调也应该减少或调整碎片化的现象,如以加强特定网络的合法性的方式(作为参与者,通过政治认可或法律认可)。简而言之,协调这一工具不应孤立地关注网络本身的有效性,也应该加强决策与国际合作的现有正式制度,如以促进改革的方式。

第三,协调者需要选择适当措施,并且将其用于克服所确定的集体行动问题。有关协调的文献区分了 5 种一般的协调技巧:召集(covening)、议程设定、援助、认可与调整。[32]这些技巧的相关性有所不同,取决于网络建设进程的阶段。协调技巧能够被用于影响有效网络方面的上述标准(如召集可以实现最佳伙伴组合,议程设定可以促进迫切的目标设定,援助可以确保可持续的资金以及业务流程管理)。更为一般的是,协调者使用便利措施,克服所确认的集体行动问题,如以给予奖励或增加中介者之间信任的方式。这些措施的范例包括:承担启动成本;减少有关设立或巩固秘书处等行政架构的交易成本;提供专业知识;为示范项目融资。

第四,协调者需要监督与评估其活动,以适应与改进协调这一工具。由于协调是一种间接方法,因此评估需要分为两个阶段进行。第一个问题是,协调是否已经根据有效网络方面的最佳实践创设、支持与改变诸多网络。第二个问题是,网络是否达到了中介者所预期的结果。理论上,协调应该达到很高的"倍数效应"(multiplier effect),也即中介者所取得的结果与协调者所使用的手段之间的比例。协调者应该收集数据,建立信息体系,以反映对协调的需求,分享有关最佳实践的知识。

最后,用于 2030 年可持续发展议程的协调这一手段需要元治理(meta-governance)。元治理意指对协调者的管制与调整。负责元治理的机构能够监督经由协调的网络如何适应现有正式制度与其他网络的更为广泛的治理架构。此外,元治理也关注协调的系统性影响(如相互冲突的碎片化)。能够承担这一角色的机构可能是联合国可持续发展高端政治论坛(the UN's High-Level Political Forum on Sustainable Development)。[33]

笔者在此处所论述的 5 个要素大体上勾勒出有助于在全球实施 2030 年可持续发展议程的这一工具。接下来,笔者将更具体地探究这一工具如何被用于中等收入国家的新型合作观中。

在中等收入国家担当集体行动中介者的国际发展行为体

发展合作面临着适应不断变化的全球环境的压力。中等收入国家的发展合作双边提供者及多边组织尤其如此。鉴于中等收入国家面临持续的极端贫困等一系列广泛的发展挑战,国际发展合作对于这类国家而言仍是重要的。然而,国际行为体作为援助与技术建议提供者的传统角色正在减弱。一般而言,相对于贫穷国家来说,中等收入国家不太依赖于援助,而且发展合作的双边提供者正在逐步取消在中等收入国家的援助计划。由于中等收入国家的多样性,为中等收入国家未来的发展合作观确定一个单一的准则也很困难。[34]

作为中等收入国家新型合作观的一部分,国家发展行为体日渐扮演着“中介者”(mediator)或“中间人”(broker)的角色。其中一些新型合作形式可以依据协调加以解释(尽管各个组织并不使用这一术语)。笔者将简要地阐述联合国开发计划署、欧盟和英国国际发展部的一些例子,来阐明国际合作行为体如何在中等收入国家充当协调者。

在越南，联合国开发计划署设立了一个政策顾问团(Policy Advisory Team，PAT)以影响诸多领域的改革(法治/诉诸司法、反腐/公共行政改革、气候变化、经济)。[35]相比于项目人员，国际政策顾问更加独立与灵活。他们能够迅速对新出现的优先事项作出反应，利用联合国的召集作用与许多行为体(市民社会、学术界、媒体界，以及国家机构)一起努力。正如协调这一术语所表达的，政策顾问运用便利措施对这些行为体施加影响(如委托进行独立研究，确立当地专业知识与国际知识之间的联系，通过试点项目提供成功的实例)。设立政策顾问这一方法的主题思想是与重要的政府决策者建立关系，形成更广泛的“与那些有能力且愿意解决问题的国内利益相关者的伙伴关系”，以国际专业知识支持他们。[36]联合国开发计划署在越南的政策顾问团是致力于各种改革的集体行动的中间人，能够依照协调加以解释。

另一个例子是欧盟在其“2014—2020年多年金融框架”(Multiannual Financial Framework 2014—2020)中所采用的伙伴关系工具(the partnership instrument，PI)。[37]这一工具具有全球性影响，应对气候变化、环境保护、能源安全等方面的诸多挑战。欧盟旨在以伙伴关系工具应对“伙伴国与全球挑战的快速变化”，巩固与那些不再适于双边发展援助的国家的关系。其目标是促进与这些国家(例如，志趣相投国家的联盟、国际组织与非政府组织)的新型合作观。项目规划是主题式的，而且官方发展援助支出的分类并不是强制性的。

伙伴关系工具的年度行动规划(2015年)涉及诸多活动，这些活动可以被看作中等收入国家内和与中等收入国家建立的诸多网络的协调。[38]这些活动支持欧盟与一个中等收入国家之间(如印度的资源效率倡议)或与许多中等收入国家与工业国家之间(如国际城市合作：亚洲与美洲的可持续与创新型城市与地区)的政策对话、伙伴关系、平台。与协调这一概念相似的是，这些活动依靠小规模的便利措施促进(次)国家与非国家行为体之间的集体行动，如通过确认与召集行为体，改善沟通，提供有限的财政援助(如创建在线平台与示范项目)。

最后，英国国际发展部与中等收入国家设立了新的伙伴关系项目。

例如,这些项目旨在增加中国对全球卫生治理的捐助,减少印度尼西亚温室气体的排放。[39]英国国际发展部在中国安排专业人员与资源,甚至在取消双边援助项目之后仍有安排。项目管理者有相当程度的灵活度以对重要的公共行为体发挥影响。其主要目标是支持中等收入国家的国内改革进程,以及这些国家对全球公共产品与其他发展中国家的发展的参与。与协调这一概念相似的是,英国国际发展部运用便利措施(如短期的专业知识、资助与组织国际工作研讨会、临时调任到国际组织)建立关系与网络。英国国际发展部也支持市民社会与学术界诸多行为体的网络,如中国国际发展研究网络(the China International Development Research Network)。[40]这一中国研究机构的网络针对中国与发展中国家的合作向中国政府建言献策。

对于国际发展行为体的意义

联合国开发计划署、欧盟与英国国际发展部的案例强调,中介者协调致力于可持续发展的集体行动是当下与中等收入国家的合作创新的关键所在。因此,协调为中等收入国家未来的发展合作提供了一种有用的视角。鉴于2030年可持续发展议程实施过程中的诸多挑战以及中等收入国家的情况,对协调的需求可能会与日俱增。

双边与多边发展合作行为体完全能够在中等收入国家起到协调者的作用。它们拥有能够成为成功的协调者的大量资产,包括财政资源、在发展议题上的出色记录、协调方面的经验,以及在中等收入国家的国内存在。此外,相比于完全取消双边援助项目,将在中等收入国家的双边援助项目转变为这一新的方法是更为可取的,以发展为取向的合作观取代双边项目,将会确保中等收入国家有一种全球性、全面的可持续发展观。如果援助项目仅仅被其他政策领域中具体部门的合作所取代,这一综合性观点将不复存在。在这种情况下,促成跨部门与跨治理层次的不同行为体之间的这一综合性观点将变得更加困难,尽管这对于2030年可持续发展议程是至关重要的。相比之下，正如本章的建议所述，有关协调的新型发展合作观有助于综合性地解决中等收入国家的国内挑战及其跨国或全球挑战。

与此同时，将协调作为与中等收入国家的新型合作观的一部分也需要发展合作行为体的根本改变。最重要的是，必须弄清楚针对中等收入国家的战略。目前，情况并非完全如此，因为对中等收入国家的合作战略在很大程度上是依据“逃离战略”来讨论的。然而，合作与专用的资源的长远观点对于中等收入国家协调的成功是至关重要的。以中介者身份安排集体行动需要对诸多关系的投入以及对中等收入国家决策的深入了解。

我们有充分的理由关注对最贫穷国家与最脆弱国家的官方发展援助，因为这些国家最难获得其他形式的发展资金。这一分配选择并不会妨碍与中等收入国家进行新型合作。无论如何，相比于管理援助这一核心业务所需要的资源与技能，协调这一工具需要不同的资源与技能，以转移资金和技术专长。中等收入国家内部和与中等收入国家的合作扩展了目前双边发展合作与多边发展合作的限度。官方发展援助的适合性、运用具体实施机制与技能的必要性、人员的技能与竞争力，与中等收入国家的新型合作观提出了大量的实际问题。在调整自己在中等收入国家的角色这一过程中，发展合作行为体必将日渐成为更为广泛的国际合作体系中的一部分，支持着全球可持续发展。[41]

注　释

1. 该章由塞巴斯蒂安·保罗(Sebastian Paulo)与作者共同撰写。

2. United Nations Industrial Development Organization，*Networks for Prosperity. Declaration of the High-Level Conference on Middle-Income Countries*，San José，Costa Rica，June 12—14，2013.

3. United Nations Secretary-General，*The Road to Dignity by 2030：Ending Poverty，Transforming All Lives and Protecting the Planet*，Synthesis Report of the Secretary-General on the Post-2015 Agenda，New York：United Nations，2014；United Nations，*Addis Ababa Action Agenda of the Third International Conference on Financing for Development*，New York：Author，2015；Organisation for Economic Co-operation and Development，*Development Co-operation Report 2015：Making*

Partnerships Effective Coalitions for Action, Paris: OECD Publishing, 2015.

4. 关于网络的概念,参见 T. Börzel, "Organizing Babylon: On the Different Conceptions of Policy Networks," *Public Administration*, Vol.76, Issue 2, 1998, pp.253—273。

5. K. W. Abbott & T. Hale, "Orchestrating Global Solution Networks: A Guide for Organizational Entrepreneurs," *Innovations*, *Technology*, *Governance*, *Globalization*, Vol.9, Issue 1—2, 2014, pp.195—212.

6. United Nations Industrial Development Organization, *Networks for Prosperity*: *Advancing Sustainability through Partnerships*, Vienna: Author, 2015.

7. R. Mayntz, "Von der Steuerungstheorie zu Global Governance," in G. F. Schuppert & M. Zürn eds., *Governance in einer sich wandelnden Welt*, 41 Politische Vierteljahresschrift, 2008, pp.43—61.

8. P. Kenis & V. Schneider, "Policy Networks and Policy Analysis: Scrutinizing a New Analytical Toolbox," in R. Mayntz & B. Marin eds., *Policy Networks*: *Empirical Evidence and Theoretical Considerations*, Frankfurt am Main: Campus, 1991, pp.25—59.

9. P. B. Evans, *Embedded Autonomy*: *States and Industrial Transformation*, Princeton, NJ: Princeton University Press, 1995; M. Woo-Cumings, ed., *The Developmental State*, Ithaca, London: Cornell University Press, 1999.

10. S. Subramaniam, "When does 'Politics' Get in the Way of Development? The Developmental State, Good Governance, and Liberal Democratic Change in Malaysia and Singapore," in R. Peerenboom & T. Ginsburg eds., *Law and Development in Middle-income Countries*: *Avoiding the Middle-income Trap*, New York: Cambridge University Press, 2014, pp.36—55.

11. S. Chan, "Partnerships for Sustainable Development beyond the OECD World: Comparing China and India," in P. Pattberg et al. eds., *Public-private Partnerships for Sustainable Development*: *Emergence*, *Influence and Legitimacy*, Cheltenham, UK, and Northampton, MA: Edward Elgar, 2012, pp.115—136.

12. A. Sumner, "Where do the Poor Live?" *World Development*, Vol.40, Issue 5, 2012, pp.865—877.

13. J. A. Alonso, J. Glennie, A. Sumner, *Recipients and Contributors*: *Middle Income Countries and the Future of Development Cooperation* (DESA Working Paper No.135, ST/ESA/2014/DWP/135), 2014, http://www.un.org/esa/desa/papers/2014/wp135_2014.pdf.

14. T. Ginsburg, "The Politics of Law and Development in Middle-income Countries," in R. Peerenboom & T. Ginsburgeds., *Law and Development in Middle-income Countries*: *Avoiding the Middle-income Trap*, New York: Cambridge University Press, 2014, pp.21—35.

15. H. Kharas & H. Kohli，"What is the middle-income trap，why do countries fall into it，and how can it be avoided?" *Global Journal of Emerging Market Economies*，Vol.3，Issue 3，2011，pp.281—289.

16. J. A. Alonso，J. Glennie，A. Sumner，*Recipients and Contributors：Middle Income Countries and the Future of Development Cooperation*.

17. 有关不同类型的全球治理网络，参见 T. Büthe and W. Mattli，*The New Global Rulers：The Privatization of Regulation in the World Economy*，Princeton，NJ：Princeton University Press，2011；L. B. Andanova，"Public-private Partnerships for the Earth：Politics and Patterns of Hybrid Authority in the Multilateral System，" *Global Environmental Politics*，Vol.1，Issue 2，2010；A. M. Slaughter，*A New World Order*，Princeton，NJ：Princeton University Press，2004。

18. 对此及其他例子，参见 T. Hale & D. Held eds.，*The Handbook of Transnational Governance：Institutions and Innovations*，Cambridge：Polity Press，2011。

19. K. Dingwerth，"Private Transnational Governance and the Developing World：A Comparative Perspective，" *International Studies Quarterly*，Vol.52，Issue 3，2008，pp.607—634；N. Woods & L. Martinez-Diaz eds.，*Networks of Influence？Developing Countries in a Networked Globalorder*，Oxford：Oxford University Press，2009；A. M. Slaughter & T. Hale，"Transgovernmental Networks and Emerging Powers，" in A. S. Alexandroff & A. F. Cooper eds.，*Rising States，Rising Institutions：Can the World be Governed？* Washington，DC：Brookings Press，2010，pp.48—62.

20. A. Nölke，"Rising Powers and Transnational Private Governance：The International Accounting Standards Board，" in D. Lesage & T. Van de Graaf eds.，*Rising Powers and Multilateral Institutions*，New York：Palgrave Macmillan，Basingstoke，2015.

21. M. Kahler，*Rising Powers and Alternative Modes of Global Governance*（APSA 2013 Annual Meeting Paper），http://ssrn.com/abstract=2300097.

22. Ibid.，p.10.

23. A. Nölke，"Rising Powers and Transnational Private Governance：The International Accounting Standardsboard，" p.114.

24. M. Kahler，*Rising Powers and Alternative Modes of Global Governance*（APSA 2013 Annual Meeting Paper），p.30，http://ssrn.com/abstract=2300097.

25. K. W. Abbott & D. Snidal，"International Regulation Without International Government：Improving IO Performance through Orchestration，" *Review of International Organizations*，Vol.5，Issue 3，2010，pp.315—344.

26. K. W. Abbott，P. Genschel，D. Snidal & B. Zangl，"Orchestration：Global Governance through Intermediaries，" in K. W. Abbott，P. Genschel，D.

Snidal & B. Zangl eds., *International Organizations as Orchestrators*, Cambridge: Cambridge University Press, 2015, pp.3—36.

27. T. Hale & C. Roger, "Orchestration and Transnational Climate Governance," *Revue of International Organizations*, Vol.9, Issue 1, 2014, pp.59—82; S. Klingebiel & S. Paulo, "Orchestration: An Instrument for Implementing the Sustainable Development Goals"(Briefing Paper 14/2015), Bonn: German Development Institute/Deutsches Institut für Entwicklungspolitik(DIE).

28. K. W. Abbott & T. Hale, "Orchestrating Global Solution Networks: A Guide for Organizational Entrepreneurs," *Innovations, Technology, Governance, Globalization*, Vol.9, Issue 1—2, 2014, pp.195—212.

29. T. Hale & C. Roger, "Orchestration and Transnational Climate Governance," pp.59—82; K. W. Abbott & T. Hale, "Orchestrating Global Solution Networks: A Guide for Organizational Entrepreneurs,"pp.195—212; K. W. Abbott, P. Genschel, D. Snidal & B. Zangl, "Orchestrating Global Governance: From Empirical Findings to Theoretical Implications,"in K. W. Abbott, P. Genschel, D. Snidal, B. Zangl eds., *International Organizations as Orchestrators*, pp.349—379.

30. 例如,有关"多方利益相关者"伙伴关系的有效性的研究概述,参见P. Pattberg & O. Widerberg, "Transnational Multistakeholder Partnerships for Sustainable Development: Conditions for Success," *Ambio*, Vol.45, Issue 1, 2015, DOI: 10.1007/s13280-015-0684-2。帕特贝格和维德贝格确定了成功的9个标准:最佳伙伴组合;有效领导;严格的目标设定;持续的资金投入;专业的流程管理;支持组织学习的定期监督、报告与评价;活跃的元治理;有利的政治与社会背景;对问题架构的适应性。

31. K. W. Abbott & T. Hale, "Orchestrating Global Solution Networks: A Guide for Organizational Entrepreneurs," pp.195—212.

32. K. W. Abbott, P. Genschel, D. Snidal & B. Zangl,"Orchestration: Global Governance through Intermediaries," pp.14—16.

33. K. W. Abbott & S. Bernstein, "The High-level Political Forum on Sustainable Development: Orchestration by Default or Design," *Global Policy*, Vol.6, Issue 3, 2015, pp.222—233.

34. 关于对中等收入国家发展合作的争论,参见J. Glennie, *The Role of Aid to Middle-income Countries: A Contribution to Evolving EU Development Policy* (ODI Working Paper No.331), http://www.odi.org/sites/odi.org.uk/files/odiassets/publications-opinion-files/7189.pdf; A. Sumner, "Global Poverty, Aid, and Middle-income Countries: Are the country Classifications Moribund or Is Global Poverty in the Process of 'nationalizing'?" (UNU-WIDER Working Paper No.2013/062), https://www. wider. unu. edu/sites/default/files/WP2013-062.

pdf；N. Keijzer，F. Krätke & J.van Seters，*Meeting in the Middle？Challenges and Opportunities for EU Cooperation with Middle-income Countries*（ECDPM Discussion Paper No. 140），http://ecdpm.org/wp-content/uploads/2013/10/DP-140-Challenges-Opportunities-EU-Cooperation-Middle-Income-Countries-2013.pdf；J. A. Alonso，J. Glennie & A. Sumner，*Recipients and Contributors：Middle Income Countries and the Future of Development Cooperation*（DESA Working Paper No.135，ST/ESA/2014/DWP/135），http://www.un.org/esa/desa/papers/2014/wp135_2014.pdf。

35. N. Booth，"The United Nations and Governance in Middle-income Countries：A Vietnam Case Study，" in R. Peerenboom & T. Ginsburg eds.，*Law and Development in Middle-income Countries：Avoiding the Middle-income Trap*，New York：Cambridge University Press，2014，pp.309—334.

36. Ibid.，p.326.

37. European Parliament and Council of the European Union，Regulation Establishing a Partnership Instrument for Cooperation with Third Countries（EU Regulation No. 234/2014），http://eur-lex.europa.eu/legal-content/EN/TXT/PDF/?uri=CELEX:32014R0234&from=EN.

38. Annex of European Commission，Commission Implementing Decision on the 2015 Partnership Instrument Annual Action Programme for Cooperation with Third Countries to be Financed from the General Budget of the European Union，C（20205）4109，http://www.gtai.de/GTAI/Content/DE/Trade/Fachdaten/PRO/2015/07/Anlagen/PRO201507285003.pdf?v=2.

39. Department for International Development，Intervention Summary of the "Rapid Response Facility on Climate Change，" October 2012，https://devtracker.dfid.gov.uk/；Department for International Development，Business case and intervention summary of the "China UK Global Health Support Programme，" September 2015.

40. 参见 http://rcid.cau.edu.cn/art/2013/3/5/art_11130_157890.html。

41. H. Janus，S. Klingebiel & S. Paulo，"Beyond Aid：A Conceptual Perspective on the Transformation of Development Cooperation，" *Journal of International Development*，Vol.2，Issue 2，2014，pp.155—169.

第六章

有效性：发展合作达到什么预期？

21世纪初以来，如何安排发展合作以使其更为有效的问题日益引起更大的兴趣。《巴黎宣言》在提高援助有效性的国际努力中扮演着至关重要的角色。该宣言寻求减少有碍于更有效的援助的弱点，如援助者的诸项手段。这些手段基本上按照援助者架构的利益、伙伴国不愿或无力管理发展合作进程的需要而相应地调整。迄今为止，自身利益尤其阻碍着援助者实施在巴黎所达成的诸多原则的数个方面。

有关发展合作的效应与有效性的争论

伙伴国成功的发展取决于一系列广泛的因素，其中尤为重要的是其自身政策。相当显而易见的是，不良治理增大了一国的脆弱性，或引发暴力冲突。内部政策有碍于民众谋生或获取社会服务——即使一国可能拥有丰富资源。这在那些从石油中获得高收入的国家特别明显：在那些治理不良的地方，更好的生活条件并不会自动生成。外部因素或许也会导致发展的成败，如以给予或拒绝进入发达国家市场机会的方式。国际渔船比如来自欧盟的那些的过度捕捞是导致如下事实的国际活动之一，即发展中国家的民众无法以此方式谋生。援助或许也会带来成功的发展，对于那些特别贫穷与有赖于发展援助的国家尤其如此。因此，国际社会已经付出了很大努力，试图使发展援助尽可能地有效。然而，发展援助影响事件的能力不应被高估：其他政策与条件也起作用。

有关发展援助有效性的国际争论特别体现在两种视角上。第一，针对如下问题的争论长达数十年，即发展援助是否取得成效。第二，21世纪初以来，如何安排发展合作以便于发展合作更为有效的问题日益引起人们更大的兴趣。争论特别涉及援助有效性的国际标准。

发展援助的效应

发展援助效应的证据基本上在两个层次上加以讨论。

第一个层次取决于如下问题，即发展援助是否能够有助于发展中国家的经济增长。对于这个争论而言，2000年是个关键年份。以对国家的计量经济学比较为基础，世界银行的两位专家伯恩赛德和多拉尔(Burnside and Dollar)[1]从研究中得出结论，发展援助对那些实施“好政策”[2]的国家经济增长作出了显而易见的贡献。该项研究产生了重要影响。21世纪初有关对其他发展援助资源的需要的争论很大程度上是以这些结论为基础的。此后，学术争论集中讨论增长与援助之间的因果联系。[3]批评者质疑看似合理的命题是否能够一直经受住经验的检验。[4]事实上，普遍承认的发展援助对经济增长作出积极贡献的证据尚未提出。

第二个层次涉及项目有或没有影响的证据。援助组织定期提供大量资料(评价等)，意在证明这些组织的发展援助项目有积极的效应。在学术争论中，在这种背景下可参考的是“微观—宏观悖论”[5]，因为将有利的结果与有关国家的总体局势相协调的做法往往是不可能的：如果所有积极效应实际上都产生了，那么国家或部门层次上的经验证据也是有可能被发现的。但是，事实往往并非如此。

多少发展援助？

撒哈拉以南非洲的经济形势在过去20年中有了积极发展，这在很大程度上是由于更好的政策。在国际经济危机的背景下，该地区大概10个至20个国家仍然成功地实现了具有重要意义的增长。但是，在许多国家，经济活力仍然不尽如人意，因为尽管这些国家的经济有所增长，但是其民众的生活条件没有得到充分改善。许多国家必须实施意在改善政治环境的改革。最近进展的幕后力量是什么呢?国际援助可能比许多人想象的更为成功吗?对于援助在非洲的未来角色而言,这意味着什么呢?

援助仍将扮演着重要角色,即使对外直接投资与汇款不断增加。对撒哈拉以南非洲而言,与中国及其他新行为体的南南关系的重要性与日俱增。在很大程度上,经济进步的成功故事主导着近年来对撒哈拉以南非洲的国际报道。这一关注是合理的,因为这48个国家的情况变得越来越清晰了。

撒哈拉以南非洲国家以不同速度、在某种程度上不同的方向变化着。现有的国家分类才刚刚开始根据当下的分化进程形成适当的分类。事实上,撒哈拉以南非洲的一些国家——尽管并非全部——能够讲述一个经济成功的故事。总而言之,在过去20年中,撒哈拉以南非洲的经济情况已经有了积极发展,这主要是因为许多国家实施了更好的政策。

当然,问题是:在过去10年至20年中,一些非洲国家取得进步的背后力量是什么?相比于许多人所猜想的,国际上以发展合作的形式对撒哈拉以南非洲的支持是否有可能更为成功吗?对于援助在撒哈拉以南非洲的未来角色,这意味着什么呢?

难以界定的影响

衡量援助对发展成功的贡献的精确且可靠的方法事实上并不存在。然而,明确的是,国家自身的政策在许多方面是至关紧要的。那些成功地减少贫穷人口并开启增长进程的国家有能力基于其相对良好的治理活动这样做。

情况相差甚远,如是掮客式架构在一国内占主导地位,还是透明进程决定着公共资源的使用方式。同样,国际环境对于非洲国家而言也是重要的,因为这些国家正日渐融入全球化的进程中。

中国、印度等新兴经济体对非洲国家的兴趣是欧洲与北美传统合作伙伴改变其关注点的部分原因。这一切意味着,对非洲国家而言,许多因素影响着政策,援助仅是其中之一。

发展方面的分歧

在这方面,"援助因素"的重要性各不相同。大体上,在过去10年至15年中,八国集团与其他论坛上的政治义务促成了对撒哈拉以南非洲援助的大幅增加。经济合作与发展组织的援助者每年大约提供440亿美元的援助。

许多国家在其公共投资方面极其有赖于援助资金。在布隆迪等国家,整个国家20%以上的经济实力与援助有关。在安哥拉、南非等其他国家,援助逐渐减少,直到现在已经变得不太重要,占其国内生产总值的比例远低于1%。

对于这些国家而言，上述数字表明私人资金向撒哈拉以南非洲地区的流入目前已经比援助要多得多。这一激增伴随着金融结构的重大变化，私人资金流入的比例也大幅增加。

尽管对外直接投资与移民劳工的汇款日渐占主导地位，但是援助仍将扮演重要的角色。中国、印度、阿拉伯国家等“新合作伙伴”也正引发重大变化；对于撒哈拉以南非洲而言，南南关系的重要性正在增加。

在今后数年中，撒哈拉以南非洲的趋势很可能继续呈现出更明确的轮廓。一方面，越来越多的国家将不再依赖援助。实施富有活力改革的国家将比现在更关注私人部门与对外直接投资。

对于其他目前依赖石油与矿产实现繁荣的国家而言，主要问题是可用的资源是否会惠及一般民众。对于经常讨论的“资源诅咒”(curse of resources)，尼日利亚与其他国家提供了丰富的研究素材。

另一方面，在可预见的未来，撒哈拉以南非洲的一些国家仍将依赖于援助。在脆弱国家，援助、人道主义援助对于维系最低限度的国家结构与公共服务往往是至关重要的。

然而，除此之外，贫穷国家还有很多——如埃塞俄比亚——完全是功能性的。对其而言，援助仍将是为解决贫困与增长的长期项目进行融资并帮助项目实施的一项重要手段。但是，甚至利比里亚、卢旺达等低收入国家也在不断努力摆脱自己长期以来对援助的依赖。

巴黎议程

《巴黎宣言》对于提高援助有效性的国际努力而言是极其重要的。[6]该宣言试图减少有碍于使援助更有效的弱点，如援助者主要按照援助者架构的利益，以及伙伴国不愿或无力管理发展合作进程而相应地调整。2005年，发展中国家、新兴国家与工业化国家的代表正式通过了《巴黎宣言》，其中提及5项基本原则：

(1) 伙伴国对其政策与发展战略承担更多的责任(所有权)，协调全部发展措施；

(2) 与伙伴国体系更密切的合作，更多地利用伙伴国的体系(例如，援助者使用伙伴国的预算与审计办公室)；

(3) 扩大援助者之间的协调与协作；

(4) 发展结果导向性管理;

(5) 增强援助者与伙伴国之间的相互问责(mutual accountability)。

《巴黎宣言》有望成为一种有效的方法,因为它成功地将上述原则与可衡量的质量指标联系在一起。发展合作与国际合作的其他领域的主要弱点之一是,尽管行为体相对更容易在一般原则上达成共识,如更密切的协作,但是它们的行为往往受到其他原则的影响。例如,援助者活动的协调往往失败了,因为援助者不太愿意放弃自己的标准(例如,为了满足自己审计办公室的控制标准)。再比如,对于伙伴国国家体系的使用,援助机构往往有兴趣实施自己人员参与的项目。这往往有碍于伙伴国从发展项目中获得最大利益(最好的性价比)。如果咨询项目能够获得自由的宣传,那么伙伴国就会从中获得最大利益。《巴黎宣言》中的诸多指标提及了这些主要议题。

有关《巴黎宣言》5 项原则与 56 项具体承诺的实施情况的评价表明,尽管总体而言趋势是积极的(如援助透明度的情况),但是商定的目标仍未实现,特别是对于援助者而言。[7]

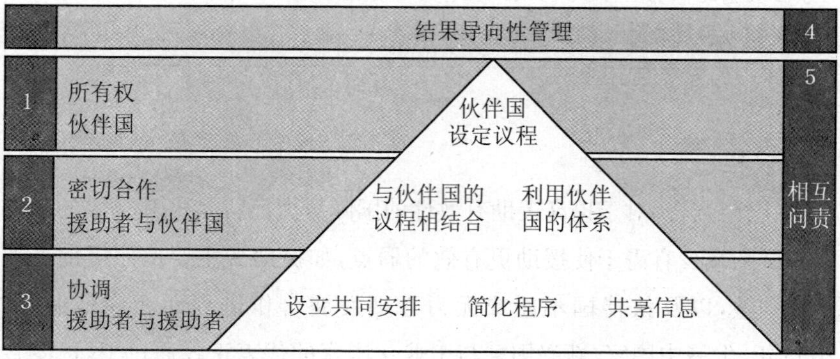

资料来源:OECD, *Aid Effectiveness 2005—2010: Progress in Implementing the Paris Declaration*, OECD Publishing, 2011, p.18.

图 6.1 《巴黎宣言》金字塔——5 项共有原则

紧随《巴黎宣言》之后的是两个高级别会议,其一是 2008 年在加纳阿克拉召开的(《阿克拉行动议程》),其二是 2011 年在韩国釜山召开的(《釜山有效发展合作伙伴关系》)。在釜山会议上,“新行为体”(特别是中国)更深入地参与到“有效性议程”中。“发展有效性”(development effectiveness)也取代了“援助有效性”这一术语,这反映了如下事实,即如果要使发展取得进步,那么除了援助,援助者与伙伴国的许多其他政策也是重要的。这些政策将会得到更仔细的研究,以便人们了解它们对发展的贡献。

双速的援助有效性[8]

因为中国暂不签署最后宣言,韩国釜山峰会(2011 年 11 月 29 日至 2011 年 12 月 1 日)几乎毫无结果,但有基本困境需要解决。第一个挑战是维持前几年有效性议程的势头。前两次在巴黎、阿克拉分别召开的高级别会议意在提高援助有效性,实际上取得了成效,因为援助伙伴达成了相互的、尤其是可验证的承诺。然而,当由伙伴国自身而非援助者的机构负责项目实施时,援助者发现难以兑现这些承诺。

第二个挑战涉及新行为体。适合许多国际议题的情况也适用于发展政策;环境快速变化,或许比政治行为体能够找到适当的应对措施更快。对于发展合作而言,这些变化尤其存在于如下事实,即许多新援助者——获得经济成功的亚洲国家与私人基金会(如比尔·盖茨与梅琳达·盖茨基金会)——正在变得越来越重要,并大大减轻了经济合作与发展组织援助者所承受的压力,甚至在资金方面也是如此。情理之中的是,新行为体并不希望支持其所认为的由传统援助者所主导的承诺与程序。因而,釜山会议的目标是将这些新行为体及其关系有效地整合到未来的有效性议程之中。

在欧洲一体化政策的语言中,这一双重目标或许被理解为“深化”与“扩大”之间的困境。在这种背景下,釜山会议能够取得什么成效呢?会议的结果被解释为国际发展援助新架构的设计。该方法不太以自成一体的计划为基础,这一计划表明未来的架构将会如何呈现。相反,该方法提供了一些针对如下问题的指标,即有关援助更有效的争论未来应该如何进行。一些迹象表明,未来将会存在“双速”(two speeds)。那些希望继续严格遵守巴黎会议与阿克拉会议的承诺并竭尽全力实施与推进目前使援助更加有效的议程的援助者属于“活跃群体”(the fast group)。英国是这一步伐的主要倡导者,尽管这一往昔的援助典范近年来已经失去了一些光芒。因此,《釜山宣言》的某些陈述仅仅涉及过去已参与援助的签署方。

另外,第二类援助者认为自己并不受制于过去和现在的诺言,或仅仅在某种程度上受其影响。这或许有各种各样的理由。巴西、印度、中国等新援助者有理由声称,讨论援助的论坛反映了原有的“南北架构”,其现代化努力并不那么令人信服。除此之外,在实践上,法国、美国、日本等援助者都在实施现有援助有效性议程上遇到了困难。

对釜山会议的结果有两种不同的解释。第一,乐观的看法。参与者成功地在最后宣言中阐明了一项更为广泛的新伙伴关系,包括新的行为体与新的合作关系,并且没有放弃巴黎/阿克拉议程签署方的承诺。例如,签署方明确表示将继续兑现各自的承诺。与此同时,釜山会议的最终文本提出了许多“更宽容”的新原则,以促使新行为体能加入共识。因此,实用但重要的第一步是使这些行为体“参与进来”,将其纳入更为广泛的有效性议程之中。这不仅适用于南方的新行为体,而且也适用于工业化国家的政府。迄今为止,这些工业化国家在应对巴黎/阿克拉议程上有所保留,或在近年欧洲政府更迭之后,至少在政治上,寻求与其前任的承诺保持一定的距离。

第二,怀疑的看法。更为有效的援助向更为广泛的发展有效性的概念转变是《釜山宣言》的“臭迹”(scent mark)。协议的各缔约方意识到,援助仅占伙伴国实现可持续发展的诸多努力的一小部分。因此,必须设计其他政策与方法,以获得最大的发展利益。这一观点是相当简单的,也是正确的。尽管如此,不能确定的是进步是否必然会随之产生。至于巴黎与阿克拉两次高级别会议的承诺,显而易见的是尽管可验证的良好共识达成了,但是它们并未得到充分的实施。在此情况下,减轻援助者任务压力的做法符合更为广泛的新的全球伙伴关系吗?

对于釜山会议所取得的成效,乐观的看法或怀疑的看法何者更为恰当的问题,很大程度上取决于仍在形成中的援助新架构。两个重要关切——“深化”和“扩大”——之间的结合仍未实现。

有效性取决于什么?

数十年来,国际社会所公认的是,援助界应该拿出国民总收入的0.7%用于发展合作。援助者再三作出大幅增加发展合作资源的政治承诺(如八国集团的决定、欧盟的分步计划)。[9]因此,问题在于,如果发展合作的规模扩大,那么其成效能够以大致相同的规模增加吗?这能否表明

0.7%是个适当的目标呢？0.9%是否更为合适？或者0.5%或许更好？

为援助转移的最优规模或一国的援助要求设定一个量化的数字可能会引起异议。至于所有援助者所提供的援助总额，这并不是个合适的指标，因为对于所有发展中国家的总额而言，这仅仅是个大概的数字。

如果在所有层面上，援助转移的规模都无法达到这一数量级（an order of magnitude），那么必须问的问题是这在个别国家或一组国家层面是否可能。各种研究认为，存在某种确定的援助水平线，超过这一水平，某种援助的额外收益（边际效用）会下降，或成效甚至适得其反，因而第一批援助的欧元比任何接下来的欧元有（起关键作用的）更多的成效。一些分析确定了一个"饱和点"（saturation point），超过这一饱和点，援助资源不再具有意义。这一饱和点并不是统一确定的，它被假设在国民总收入的15%至45%的范围之内。这一广泛的范围表明，在实践中普遍适用的饱和点是不存在的；事实上，该数字在单个国家的层面上也大相径庭。[10] 可疑的是，这一数字的确定是否有助于所有国家。援助的适当使用不仅取决于其规模，而且取决于如下所讨论的其他方面。为何管理相对欠佳的国家有能力接受等同于管理良好的邻国的援助数额？在那些刚刚解决暴力冲突且自己无力为重建受损的交通基础设施筹集资金的国家，情况又有所不同。这种情况几乎难以与那些拥有长期援助史的国家的情况相比较。它们可能不太需要基础设施的融资。毕竟，吸收能力与资源的使用有关。例如，与用于扩大基本社会服务供给的援助相比，用于减少国际收支赤字的援助资金流入更易于吸收。

另外，定性与定量研究证明了边际效用是变化无常的。如果援助的收益在某点大幅下降或甚整体上有所逆转，那么是何种机制导致这一影响呢？我们可以区分出数个影响领域。[11]

宏观经济方面

一直以来对成效的争论大多数涉及众所周知的荷兰病[12]的危险。这一术语描述了经济突然增长——主要是由于自然资源的发现与生产——而后面临严重的宏观经济问题的悖论。自然资源出口带来的贸易顺差导致汇率上升。这会导致其他商品的营销问题，这些商品的竞争力下降，因而更难以出口。荷兰病的严重性在很大程度上取决于可用资源被用以资助其他出口商品或非贸易品(工资、薪水等)的程度。由于额外的货币供应或许有通货膨胀的影响,因而在那些金融市场运行欠佳的国家中,私人部门或许会出现重大问题(例如,由于反复无常的汇率变化)。(对加纳、埃塞俄比亚、乌干达等国的)国别研究表明,不利影响在某种程度上能够被抵消,但是依赖援助的国家应对这些挑战的能力是有限的。

治理与机构

对援助的极度依赖或日益增多的援助资金流入或许也对伙伴国的治理层面、机构的质量有重大影响。这些影响有许多形式。

(1) 官方发展援助的大量流入或许会削弱国家动员资源的努力。[13]税收工具的开发和实际使用基本上也是如此。对援助的游说是征税的一种替代性方案;这无需将税收强加给现有利益(特权精英等)。

(2) 大量援助资金流入或许会破坏伙伴国政府对自己民众的责任。[14]如果一国的大部分投资来自援助者,而且这些援助者为许多服务融资或提供这些服务,援助者和伙伴国政府之间会进行重要政治磋商与决策进程,议会在公共预算中仅扮演着小小的角色,改革计划在援助机构而非社会代表内达成并被采纳,那么该国的政治经济受其影响,而且伙伴国政府对自己民众的责任会有所弱化。诸如此类的负面效应实际发生的程度在很大程度上取决于援助方式。如果伙伴国的架构得以使用,其议会在决策中起作用,那么不利影响或许可以避免,伙伴国的体系也有所强化。当援助绕开伙伴国的架构与进程时,情况更为困难。

(3) 援助资金流入或许引发食利国(rentier states)的出现。[15]自然资源(如中东的石油)开发的收入或许会减轻精英推进政治体系民主化与引入问责程序的压力。援助资金流入或许会产生类似的影响。

(4) 很大一部分政府与管理能力或许与援助者的交流、有关项目或计划的程序(报告义务、任务等)有密切关系。援助者的很多能力被用于伙伴国的架构。[16]

(5) 如果援助架构取代了伙伴国的角色,那么它们或许会削弱政府的能力。除此之外,援助体系或许对公职人员产生不利影响,特别是对那些结构特别脆弱的国家的公职人员而言。援助者的机构通常支付更高的薪水，因而诱使人员从伙伴国机构离职；高素质人员尤其如此。其他相当多的收入来自国内外的“勤工津贴”（attendance allowance）以及培训课程；绩效激励形成于国家管理之外。[17]

（6）据保罗·科利尔的研究，国家对官方发展援助的严重依赖大幅增加了政变的风险。[18]他将这一风险归因于“蜜罐”效应，这一效应致使政府职位成为颇具吸引力的收入来源。非洲各国政府通常以增加军事开支的方式应对这一风险。由于可替代性效应，援助反而间接地为大部分军事开支提供资金。

援助的可替代性

当援助使伙伴国有能力为预期目的减少自己的开支时，援助被描述为是可替代的。所节省的资源能够被用于其他目的。项目有关的方法、具体部门的方法都不能排除可替代性问题。对一国而言，可用于学校建设的援助或许导致有关资金在伙伴国预算中得以节省，或被花费在其他地方（教育或其他部门）。可替代性效应导致全部或部分援助未能应用于发展优先事项的程度取决于个别案例的具体环境。经验研究揭示出一系列广泛的效应。[19]只有通过对整个预算程序的研究，才能确定援助资源是否会被替代性地使用。

责任与援助有效性

在有关发展合作更有效的争论背景下，责任与报账（render account）是相当重要的事。[20]一般而言，责任是个人、群体或机构向其他人、群体或机构证明其决策与行动正当的义务。行为体因履行与未履行事项而受到制裁，因而责任是以激励为基础的。

在发展合作的背景下，责任在三个方面是相关的：

- 援助国的责任；
- 伙伴国的责任（国内责任）；
- 伙伴国与援助者的相互责任。

援助者[21]与伙伴国对议会、选民、市民社会、媒体与国家审计办公室特别负有责任。

在有关援助更有效的争论中(也即《巴黎宣言》《阿克拉行动议程》《釜山伙伴关系》),相互责任及对伙伴国实际目标群体的责任扮演着特别重要的角色。

挑战与问题

上述各种责任形式并非必然是互补的。在一些情况下,这些形式甚至相互竞争。[22]诸多挑战特别存在于如下领域:

● 以往(毫不保留的)强调受援者对援助者的责任。特别是由于有关援助有效性(《巴黎宣言》等)的争论,概念发生了变化;然而,新概念尚未完全落实。

● 对援助者责任重点关注有损援助的有效性(由于风险规避、绕过国家体系、"诸多项目"、援助者执行的兴趣等)。

● 伙伴国的责任往往面临架构功能不足的挑战:议会软弱无力,而且媒体几乎无力扮演"第四权"(fourth estate)的角色。伙伴国的政府并不一定对自己国家中运行的责任体系感兴趣,因为这些体系或许会导致对治理改革的呼吁。

● 相互责任有时代价高昂,充满妥协并且存在缺陷。协调性国家发展战略、联合监督方法与政策分析也是如此。

前景

在发展合作背景下,可以找出强化责任的许多方法。公共财政管理体系(包括预算规划进程、资源使用的核实)的正常运行是伙伴国及其行为体的正当关切。因此,援助有效性原则明智地将重点放在伙伴国的国家体系上;这尤其更重视议会、社会行为体等。从援助者的角度来看,有待改进的空间仍很大。发展合作能够有助于强化责任体系,减少意料之外的削弱作用。外部行为体更有能力支持责任的"供给",不太有能力满足责任的"需求"。

援助者在自己国家合理地关注责任。如果援助者要获得为发展任务提供公共资源的政治与社会支持,这种责任是必要的。当涉及报账时,有必要区分如下情况:其一为有时复杂但往往抽象的发展合作体系以及因果链(援助国行政与议会特别委员会对此非常感兴趣);其二为对透明度及向更广泛的大众传播信息的需要。

发展合作中以结果为基础的诸多方法或许会强化相互责任以及国内责任，因为它们是以伙伴国的政策与活动为基础的；这或许也与监督和评估（M＆E）体系有关。监督和评估体系对于责任是非常重要的。以结果为基础的方法有很多，但是由于非激励因素或对可量化的活动的关注，这些方法或许有一定的风险。

分权、公共财政管理与发展援助[23]

撒哈拉以南非洲的许多国家将治理责任下放到次国家层次上的趋势在不远的未来可能仍会持续下去。至关重要的是，如果要实现这种责任的转移，必须以同样的努力增强次国家层次上的公共财政管理能力。

作为国内责任制度和发展政策的交叉问题，公共财政管理是各国治理制度的核心。因而不足为奇的是，中央政府层次上的公共财政管理体系已成为撒哈拉以南非洲发展中国家的重要改革领域之一。然而，与此同时，次国家层次上公共财政管理能力与条件迄今为止并未得到充分的关注。次国家层次上对公共财政管理方法的需求日渐增多，但在设计技术与金融支持性方案时，发展伙伴仍未充分意识到这一趋势的意义。

次国家层次上公共财政管理改革的重要性

在所有发展中国家与发达国家，公共财政管理是治理的一个核心维度，不仅包括技术体系与进程，而且包括更为广泛的制度与激励体系。公共财政管理改革的根本目标是实现对政府收入、开支、资产与债务更为透明、更为有效、更具效率的管理。运行良好的公共财政管理体系对所有国家而言都是至关重要的：国家需要公共财政管理体系以在所有部门有效与高效地实施政策。

在撒哈拉以南非洲，许多国家良好的公共财政管理体系也将吸引着那些愿意使用这些国家体系的其他援助者。这些体系将赋予国内外投资者对政府财政可持续性的信心，而且也将有助于国家更早、更好地进入国际资本市场。关注权力下放的治理改革取决于地方政府运行良好且强有力的公共财政管理体系。

最近，撒哈拉以南非洲国家因其经济增长潜力而受到吹捧，可用资源或许会进一步增多。那么，这又需要次国家层次与国家层次上运行良好的公共财政管理体系才能实现。在这种背景下，如下主张得到更多的支持，即次国家层次上公共财政管理改革对于发展合作而言是特别重要的。与此同时，该主题似乎在过去并未得到充分研究。

对撒哈拉以南非洲次国家层次上公共财政管理的评价

分权的动机也千差万别。在一些国家和地区，分权与政治和经济全面转型的进程相关。在其他国家，分权与民主化进程相关。有时，分权的主要目的是消除导致冲突的诸多条件（例如，以吸收进当地社区的方式）；在其他情况下，分权的目的是改进向民众提供服务的方式。

分权所需的条件——包括人口规模、地理条件——也因国家而异。研究表明，至少在一些关键领域，分权的努力为发展进程作出了积极贡献（例如，以提供基本服务及当地政治参与的方式）。

2005年以来，公共开支与财政责任（Public Expenditure and Financial Accountability，PEFA）框架为评价的改革与强化作出了重要贡献。在这一时期，公共开支与财政责任本身已经成为一项国际公认的分析性工具以及主要评价国家公共财政体系的“全球标准”。

在公共开支与财政责任框架内评价次国家层次上公共财政管理体系的数量急剧增加。有趣的是，大多数次国家层次的评价是在撒哈拉以南非洲地区开展的。在撒哈拉以南非洲，次国家层次上公共开支与财政责任框架的“早期采用者”与“大量使用者”是埃塞俄比亚与尼日利亚这两个大的联邦制国家。后来，卢旺达等其他国家也参与到这一框架中，可见近年来，撒哈拉以南非洲的分权努力日渐兴起了。

次国家层次公共财政管理体系的差异何在？

次国家层次上的公共财政管理体系有着与中央政府层次上的体系的不同之处。

次国家层次的收入：在撒哈拉以南非洲的大多数国家，现有法律框架赋予国家政府在征收税金与其他税收方面的主导性角色。资源动员也往往受到广泛存在的能力限制的影响。因此，次国家层次上的公共收入仍是有限的，而且中央政府的财政转移是其收入的重要来源。次国家政府也往往无权借款，以填补短期或长期的资金缺口。

规划与预算：鉴于次国家层次的发展计划与预算的范围与能力更有限，必须意识到的是，这些计划与预算很少达到中央政府层次上的复杂程度。例如，如果将宏观经济分析、收入预期等都包括在内，那么它们往往在更高层次上被采纳。中央政府通常保留对国家道路规划与预算的权力，因为如果一些道路主要由其管辖范围之外的交通工具使用的话，一些次国家机构或许不愿投资这些好的道路。次国家层次上的政府一般依赖起“政策指南针”作用的中央政府,然而它往往不参与中期规划进程,仅参与年度规划。因此,次国家层次上的预算进程一般被视为中央政府的功能。最后,服务成本对于次国家层次的政府而言是个特别困难的领域,甚至对更先进的中央政府规划部门都形成了挑战,有关运营和维护的预算也是如此。

预算执行与采购:预算执行所面临的挑战主要来自次国家层次上管理的自主资金所资助的活动。这些挑战往往产生于出乎意料的分配、专项转拨资金不切实际或过分的条件、由次国家层次采购进程所致的挑战以及总体能力问题。最后,次国家层次上的外部条件——如远离中央政府、人员晋升机会的很少等——有时会对次国家层次上的公共财政管理能力产生额外的压力,因为“出类拔萃的”预算人员在其他地方谋职。

内部控制:次国家层次的责任框架的机制、手段与方法一般是由法律文本或一国的分权战略所界定的。这些机制、手段与方法的差异源自次国家层次的具体特点与要求。就内部控制而言,次国家层次的立法机构仅仅从事兼职工作,而且自由裁量的支持能力较弱,因而相比于中央政府的机构往往具有结构性缺陷。

核算与报告:一方面,撒哈拉以南非洲的单一制国家一般在中央与次国家层次上有统一的会计准则。另一方面,分权国家的一些次国家机构也有权界定与使用自己的会计与报告规则。从次国家层次的角度来看,全面性的好处——包括根据贫困/非贫困的相关性或根据政府的不同开支计划而做出的预算分类——必定会被额外的公共财政管理与行政负担所抵消,因为这方面的能力是有限的。银行账号的快速对账往往因成本中心(cost centre)之间的距离/联通、次国家层次上金融机构的缺失而受阻,因此这在公共财政管理方面是一个重要问题。

外部控制:对于次国家层次而言,外部审计职能可以被派给地方一级的审计机构,也可以仍然归属于中央政府,或者按照职能、地理或机构覆盖范围在某种程度上分担责任。次国家层次与中央政府之间明确的分工(“谁审计什么?”)成为使外部责任机制运行起来的一个重要前提。根据其具体的比较优势,以具体职能性要求——例如,财政审计、绩效/衡共量值式审计(value-for-money audits)——为基础的差异也是可能存在的。

对于发展伙伴而言,其意义何在?

对于发展伙伴而言,公共财政管理的意义与结果可以从对上述次国家层次公共财政管理特点与要求的分析中得出。

第一,必须意识到的是,对次国家层次上公共财政管理能力与功能的支持不仅从改善国内与援助者的资金管理的狭隘技术角度来看是有益的,而且从治理视角来看,也可能会产生积极的外部性。[24]税收——直接改善着此方面的公共服务——对公民与国家的关系的积极意义而言仅是一例。

第二,援助者对次国家层次的直接支持——不管其形式如何——在实施上必须保证政府资源的分配不偏不倚。在许多国家,中央政府所采取的规则与做法"抵消"了援助者对次国家层次的直接支持,同时相应地减少了自己的支持。在这些情况下,援助者的支持无法准时到达次国家层面,或许会导致次国家政府面临额外的挑战,特别是当次国家政府无法获得短期借款时。

第三,次国家层次上的各种体系与条件致使在公共开支与财政责任框架内监督与评价公共财政体系中的改革成为一个挑战。公共开支与财政责任指导委员会(Steering Committee)或许会思考进一步发展公共开支与财政责任框架的问题,以应用于次国家层次上。

第四,鉴于分权"阶段"的差异与不同更加广泛,将次国家层次上的公共财政管理改革置于相关背景的必要性大概比在中央政府层次要大得多。中央政府的公共财政管理改革似乎往往更关注复杂体系的实施,却忽略了对更简单、更便利、更稳健的替代性方案的探索。这在某种程度上是源于如下看法,即对于撒哈拉以南非洲而言,公共财政管理体系所需要的是遵循国际最佳实践,侧重于确保严格的一揽子改革方案与发展伙伴的激励架构和"商业模式"结合在一起。

最后,次国家层次的政府与中央政府在公共财政管理议题上的协作,特别是二者各自的改革,是至关重要的。许多次国家层次上的公共财政管理改革并不符合中央政府的要求,反之亦然。弥合分权和公共财政管理研究及改革努力之间的差距将在这方面发挥重要作用。

注 释

1. C. Burnside, D. Dollar, "Aid, Policies, and Growth," *The American Economic Review*, Vol.90, 2000, pp.847—868.

2. 伯恩赛德、多拉尔回应了20世纪90年代后期发表的一些某种程度上的批判性分析,特别是彼得·布恩(Peter Boone)发表的看法。参见P. Boone, "Politics and the Effectiveness of Foreign Aid," *European Economic Review*, Vol.40, 1996。

3. J. Faust, S. Leiderer, "Die Effektivität der Entwicklungszusammenarbeit: Ergebnisse des ökonometrischen Ländervergkeuchs," in J. Faust, S. Neubert eds.,

Wirksamere Entwicklungspolitik：*Befunde*，*Reformen*，*Instrumente*，Baden-Baden：Nomos，2010，pp.166—188.

4. 参见 W. Easterly，"Can Foreign Aid Buy Growth?" *Journal of Economic Perspectives*，Vol.17，No.3，2003，pp.23—48；J. Temple，"Aid and Conditionality，" in D. Rodrik，M. R. Rosenzweig eds.，*Handbook of Development Economics*，Amsterdam i.a.：Elsevier，2010；S. Radelet，*A Primer on Foreign Aid*，Working Paper 92，Washington，D. C.：Center for Global Development，2006。

5. 参见 P. Boone，"Politics and the Effectiveness of Foreign Aid，" pp.289—329；J. Temple，"Aid and Conditionality，" in D. Rodrik，M. R. Rosenzweig eds.，*Handbook of Development Economics*，Amsterdam i.a.：Elsevier，2010。

6. 参见 G. Ashoff，"Wirksamkeit als Legitimationsproblem und komplexe Herausforderung der Entwicklungspolitik，" in J. Faust，S. Neubert eds.，*Wirksamere Entwicklungspolitik*：*Befunde*，*Reformen*，*Instrumente*，Baden-Baden：Nomos，2010，pp.27—68。

7. B. Wood et al.，*The evaluation of the Paris Declaration*，*Phase* 2，*Final Report*，Aarhus：Danish Institute for International Studies，2011.

8. 该部分以克林格比尔等人的数据为基础，并稍作调整。参见 S. Klingebiel，S. Leiderer，*Aid Effectiveness der zwei Geschwindigkeiten*，Kolune vom 05.12. 2011，Bonn：Deutsches Institut für Entwicklungspolitik/German Development Institute(DIE)，2011。

9. 参见 S. Klingebiel，"Wirksamkeit und Absorptionsfähigkeit der Partnerländer，" in J. Faust，S. Neubert eds.，*Wirksamere Entwicklungspolitik*：*Befunde*，*Reformen*，*Instrumente*，Baden-Baden：Nomos，2010，pp.289—304。

10. S. Klingebiel，*Mehr Geld-mehr Wirkung*？*Neue Risiken durch vermehrte Entwicklungshilfe*，Focus Nr. 11，Hamburg：GIGA（German Institut of Global and Area Studies），2006.

11. Ibid.

12. 这一术语产生于20世纪60年代荷兰天然气储量新发现的背景之下。其后，荷兰盾升值，但其工业生产却下滑了，参见 K. Liebig，G. Ressel，U. Rondorf，*Dutch disease*：*Ökonomische Prozesse und Implikationen für die Entwicklungszusammenarbeit*，Discussion Paper 21，Deutsches Institut für Ebtwucklungspolitik/German Development Institute(DIE)，2008；J. Temple，"Aid and Conditionality，" in D. Rodrik，M. R. Rosenzweig eds.，*Handbook of Development Economics*，Amsterdam i.a.：Elsevier，2010。

13. D. Braeutigam，S. Knack，"Foreign Aid，Institutions，and Governance in sub-Saharan Africa，" *Economic Development and Cultural Change*，Vol.52，No.2，2004，pp.255—285.

14. T. Moss et al.，*An aid-institutions Paradox*？*A Review Essay on Aid De-*

pendency and State Building in sub-Saharan Africa, Working Paper No.74, Washington, D.C.: Centre for Global Development, 2006.

15. 参见 P. Collier, "Is Aid Oil? An Analysis of Whether Africa can Absorb More Aid," *World Development*, Vol.34, 2006, pp.1482—1497。

16. 参见 S. Klingebiel, S. Leiderer, P. Schmidt, *Wie wirksam sind neue Modalitäten der Entwicklungszusammenarbeit? Erste Erfahrungen mit Programme-Based Approaches (PBA)*, Discussion Paper 7, Bonn: Deutsches Institut für Entwicklungspolitik/German Development Institute(DIE)。

17. T. Moss et al., *An Aid-institutions Paradox? A Review Essay on Aid Dependency and State Building in sub-Saharan Africa*.

18. P. Collier, *Assisting Africa to Achieve Decisive Change*, Oxford: Centre for the Study of African Economies, 2006.

19. 参见 S. Leiderer, *Fungibility and the Choice of Aid Modalities: The Red Herring Revisited*, Helsinki: UNU-Wider, 2012; J. Temple, "Aid and Conditionality," in D. Rodrik, M. R. Rosenzweig eds., *Handbook of Development Economics*, Amsterdam i.a.: Elsevier, 2010, pp.4415—4523。

20. 参见 P. de Renzio, *Promoting Mutual Accountability in Aid Relationships*, Briefing Paper 1, London: Overseas Development Institute。

21. 这里是指双边援助者；对多边援助者而言，责任架构有时不同。

22. 参见 P. de Renzio, *Promoting Mutual Accountability in Aid Relationships*, Briefing Paper 1, S. Klingebiel, *Results-Based Aid (RBA): New Aid Approaches, Limitations and the Application to Promote Good Governance*, Discussion Paper 14, Bonn: Deutsches Institut für Entwicklungspolitik/German Development Institute (DIE)。

23. S. Klingebiel, T. C. Mahn, "Strenghtening the Accountability of Local Governance: How to Bridge the Gap between Decentralisation and Public Finance Management," *The Broker*, http://www.thebrokeronline.eu/Articles/Strenghtening-the-accountability-of-local-governance，访问时间：2013 年 3 月 29 日。

24. 参见 S. Klingebiel, T. C. Mahn, Die Reform der öffentlichen Finanzsysteme in Entwicklungsländernals Beitragzur Verbesserung der Regierungsführung, Analysen und Stellungnahmen 5/2011, Bonn: Deutsches Institut für Entwicklungspolitic/German Development Institute(DIE)。

第七章
全球挑战与发展合作

有关发展合作未来的诸多争论设想，一个富有活力的环境将会迫使发展合作作出调整。[1]各种争论最先关注全球挑战管理的现有缺陷。一般说来，全球挑战在国家、地区与全球层次上的解决是碎片化的、不完善的。许多行为体参与到发展任务之中。然而，它们在一个碎片化的、协调不足的体系中开展工作。这一体系本身是难以控制的，即使交易成本很高。此外，影响发展中国家的许多政策在许多领域并未充分结合，也不是连贯一致的。当下，全球政策网络仍处于萌芽阶段，如克服目标冲突(例如，经济增长导致的生态可持续性与资源消费之间的冲突)的方法的情况那样。

有关改变全球问题管理的诸多建议大概可分为两类：第一，在发展背景下所提出的诸多方法。这些方法包括能够纳入"超越援助"这一术语的各种捐赠。它们竭力进一步改善发展合作体系，将其与其他发展努力整合在一起。第二，有关国际合作新模式的概念设计是有可能确定的。这一类特别包括全球治理研究。[2]对于全球问题管理，有关全球公共产品的争论在这一背景下被证明是特别富有成效的。

超越援助

"超越援助"的争论寻求克服在与发展中国家的合作中以援助为中心

的倾向。这并不意味着这些方法对援助或类似捐赠的需要有异议。

基本上,有关讨论可分为如下三种情况。

第一,伙伴国政策的重要性。有关发展合作的争论时常是有限的。发展成功所需要的政治责任被扭曲了,或根本没有被提及,因为伙伴国的各种责任架构的重要性被低估了,外部行为体、特别是援助者的重要性则被高估了。在有利的情况下,发展进程能够从发展合作中受益,并得到其支持。然而,促成"发展"的关键性政策、改革与变化主要是各国国内负责行为体的产物。[3]对国家行为体角色的扭曲看法或许有各种各样的影响。如果一个政府的预算与行动严重有赖于援助,那么这可能会导致该国政治责任的结构性缺陷。政府基本上能够根据援助者的需要而相应地调整自己的责任,几乎或根本不考虑自己的民众。[4]因而国内资源的动员、特别是以税收为方式的动员不仅在可用的资金方面是重要的,而且在治理结构方面也是重要的。因此,有关超越援助方法的争论考察国内资源的动员及其对治理的有关影响。

第二,发展合作的催化功能。发展合作是以如下假设为基础的,即发展合作的贡献补充着其他发展资源的贡献,而且投资并不会受到影响或只受到有限的影响。人们也认为,援助对其他财政资源会产生动员的效果。因此,发展合作意在促进其他资源的涌入而非涌出。无论在一般情况下还是在特定情况下,发展合作是否真的有这种催化效果的问题都很难得到证明。还没有公认的证据表明,发展合作一般有助于经济增长(也即进一步推进资源流入);事实上,回归分析承认相互矛盾的各种解释。[5]同样不清楚的是个别投资与项目产生的位移、补强与占便宜的效应。在发展合作中,公共行为体与私人行为体(公私伙伴关系)参与上述投资与项目。

第三,援助者政策与国际机制的一致性。发展政策一致性的呼吁源自一种意识,即除了发展合作之外,其他政策也影响着伙伴国的发展,并且往往在其所发挥的影响(一国融入世界市场的程度、对外贸易结构、对外直接投资的效果等)中更占主导地位。从"消极"方面来说,政策一致性意味着不连贯的缺失以及各种政策的相互阻碍(比如欧盟农业补贴对发展中国家的不利影响可排除在外)。从"积极"方面来说,政策一致性涉及巩固发展政策的政策互动(比如移民对自己国家的汇款有助于发展)。[6]一致性议题在国际机制层面上也是至关重要的。[7]机制的缺失(如在国际移民政策领域)影响着发展政策,正如同现有国际机制(例如国际贸易机制)的影响一样。在上述两种情况下,发展政策不一致或有积极的强化效应情况均有可能出现。

全球公共产品

源于经济学的公共产品概念最初涉及国家层次;20 世纪 90 年代末以来,英吉·考尔等学者将其发展为全球公共产品的方法。[8]不像私人产品,我们并不能简单地以排他的方式限制公共产品带来的好处。公共产品对所有人来说都是可用的,如(例如经由警察提供的)安全或交通公共基础设施(人行道、道路、交通标识等)。近年来,日常生活的诸多方面越来越具跨国性质,这使区域化、特别是全球化迅猛发展。许多公共产品在国家层次上不再可用或可用程度极为有限;例如安全(我们无需再思考暴力与犯罪现象)、自然环境(清洁水)的保护就是如此。全球公共产品有所不同,涉及大众是否能够使用这些全球公共产品(排他性/非排他性)或者全球公共产品的使用是否危及其他使用者(竞争性/非竞争性)的问题。许多全球公共产品的数量不足,或者可能会被过度使用,因为对于国家行为而言,"搭便车"或许是一种理性模型。国际合作关系中的双重挑战——行为体的增多以及碎片化的问题管理——致使全球公共产品的管理成为最重要的任务之一,这就使新的集体行动形式("超级集体行动")成为必要,如一些学者所说的那样。[9]多个行为体的联盟会促进有益于全球公共产品的集体行动。

全球公共产品的供给呼吁地区或全球层次上的跨境行动,包括遏制或管理气候变化影响的活动。对于发展合作而言,针对全球公共产品的国际方法是相关的,原因有二。第一,对各国有共同利益的政策与计划的需要日渐增多。这些公共产品的供给与融资往往是难以满足的,但是国家也易受到动机的影响而不提供公共产品(公地的悲剧)。第二,在发展合作背景下可用的公共产品往往并不符合援助者的直接利益。迄今为止,发展援助在很大程度上用于帮助特定国家促进发展进程,而并不必然造就一个全球性产品。另外,就全球公共产品而言,援助者通常有更大的自身利益;这些援助活动或许并不是国家的优先事项。因此,有必要区分有关全球公共产品但符合所有参与者集体利益的活动以及主要符合伙伴国发展利益的活动。[10]一个潜在的危险是,援助正日益被用于促进全新的全球公共产品的产生,因而远离最初的国家发展目标。

发展合作:时过境迁?

在20世纪五六十年代,从一开始,发展合作的正当性及与其有关的条件就在不断地变化着。21世纪初的变化特别表明,发展政策不仅正进一步有所发展与调整,而且也正经历着根本性的重新定位。然而,这些改革与变化并不总是连贯一致的,事实上往往是自相矛盾的。

一方面,有关援助有效性的争论清楚地表明,就有助于伙伴国发展进程的核心任务而言,发展政策需要进一步有所发展,并变得更加专业化。尽管如此,发展合作自始至终从未远离冲突或既得利益:事实上,对外政策、对外贸易政策的权宜之计往往主导着发展合作。有效性的争论及随之而来的国际磋商进程已经导致发展合作的系统性改革;经济合作与发展组织传统援助国与传统受援国之间发展合作的质量标准已经有所提高。然而,对单个援助者的实践研究及对诸个援助者的比较研究表明,双边与多边援助组织的改革并非易事。援助行为体的理性很大程度上往往会引起扩散、碎片化与延续不断的现象。此外,对于援助有效性的提高而言,伙伴国的诸多条件缺乏一致性,在某些情况下并不利于发展——拥有掮客式结构的国家或许就是如此。

另一方面,有效性议程对日渐复杂的国际合作关系现实的覆盖范围有限。这应该归咎于如下各种趋势。

第一,传统发展合作伙伴的数量日趋下降。撒哈拉以南非洲的一些国家仍然极其有赖于援助,但是总体而言,贫穷的发展中国家的数量正在减少。因此,尽管发展规划、管理与分配过程仍是减贫战略的重要组成部分,但是中期来看,其重要性将会下降。

第二,与发展中国家保持合作关系的行为体激增。这些行为体是亚洲地区成功的经济体,也是世界其他地区(阿拉伯与南美洲)的合作伙伴。多边行为体的数量也正在增加。私人行为体(基金会等)也越来越具有影响力。在传统发展合作中,竞争有所加剧,但传统援助者的影响日趋下降。

第三,经济合作与发展组织援助者的援助手段再也不会独自决定国际议程了。无论如何,中国、印度等诸如此类的援助者不受经济合作与发展组织发展援助委员会传统标准的设定职能的约束。因此,援助手段正日益多样化,公共与私人资源或条件性与非条件性资源的角色更为复杂。

第四,对于所有外部行为体而言,不同的全球政策领域之间的利益竞争日益加剧。例如,国际环境政策(气候融资)与安全政策就是如此。新的全球要求正质疑着使发展政策尽可能不受其他利益与政策影响的传统努力。

因此,对当今援助争论的分析不仅需要审视发展的技术方面:这表明需要重新界定和调整发展合作及其他与发展中国家相关的政策,以将全球新挑战与新行为体纳入考量。

注 释

1. A. Rogerson, *What If Development Aid Were Rruly "Catalytic"?* Background note, London: Overseas Development Institute, 2011; H. Kharas, K. Makino, W. Jung, "Overview: An Agenda for the Busan High-level Forum on Aid Effectiveness," in H. Kharas, K. Makino, W. Jung eds., *Catalyzing Development: A New Vision for Aid*, Washington, D. C.: Brookings Institution Press, 2011.

2. 例如,D. Messner, F. Nuscheler, *Das Konzept Global Governance. Stand und Perspektiven*, INEF-Report 67, Duisburg: Institut für Entwicklung und Frieden(INEF) der Universität Duisburg-Essen, 2003。

3. H. Kharas, K. Makino, W. Jung, "Overview: An Agenda for the Busan

High-level Forum on Aid Effectiveness," in H. Kharas, K. Makino, W. Jung eds., *Catalyzing Development*: *A New Vision for Aid*, pp.1—37.

4. 参见 F. Vollmer, *Increasing the Visibility and Effectiveness of Development Ccooperation*: *How to Reconcile Two Competing Objectives*?, Study 67, Bonn: Deutsches Institut für Entwcklungspolitik/German Development Institute(DIE), 2012。

5. O. Barder, *Can Aid Work*? *Written Testimony Submitted to the House of Lords*, Washington, D.C.: Center for Global Development, 2011.

6. G. Ashoff, "Wirksamkeit als Legitimationsproblem und komplexe Herausforderung der Entwicklungspolitic," in J. F aust, S. Neubert eds., *Wirksamere Entwicklungspolitik*: *Befunde*, *Reformen*, *Instrumente*, Baden-Baden: Nomos, 2010, pp.27—68.全球发展中心定期发布的发展指数承诺(the Commitment to Development Index, CDI)量化了援助国致使其发展政策保持一致的诸多努力,参见 http://www/cgdev.org/section/initiatives/active/cdi/。

7. I. Kaul et al, *Providing Global Public Goods*: *Managing Globalization*, New York/Oxford: Oxford University Press, 2003.

8. Ibid.; I. Kaul, "Souveränitaät wiedergewinnen: Suche nach den Grundelementen eines neuen Multilateralismus," *Aus Politik und Zeitgeschichte*, 2010, pp.34—35, pp.34—40; J. M. Severino, O. Ray, *The End of ODA*: *Death and Rebirth of A Global Public Policy*, Washington, D.C.: Centre for Global Development, 2009.

9. J. M. Severino, O. Ray, *The End of ODA*(*II*): *The Birth of Hypercollective Action*, Working Paper, Washington, D.C.: Center for Global Development, 2010.

10. I. Kaul, *Global Public Goods*: *A Concept for Framing the Post-2015 Agenda*? Discussion Paper 2, Bonn: Deutschs Institut für Entwicklungpolitik/German Development Institute(DIE).

参考文献

Actionaid (2011) *Real aid: ending aid dependency* (London: Actionaid).

Adugna, A. et al. (2011) *Finance for development: trends and opportunities in a changing landscape,* CFP Working Paper No. 8 (Washington, DC: World Bank).

AfDB (African Development Bank) / OECD (Organisation for Economic Co-operation and Development) / UNDP (United Nations Development Programme) / UNECA (United Nations Economic Commission for Africa) (2012) *African economic outlook 2012* (Paris: OECD).

Altenburg, T. (2007) *From project to policy reform: experiences of German development cooperation,* Studies 27 (Bonn: Deutsches Institut für Entwicklungspolitik / German Development Institut (DIE)).

Altenburg, T. / A. Pegels (2012) 'Sustainability-oriented innovation systems: managing the green transformation', *Innovation and Development* 2 (1), Special Issue: Sustainability-oriented innovation systems in China and India, 5–22.

Andrews, M. (2013) *The limits of institutional reform in development: changing rules for realistic solutions* (New York: Cambridge University Press).

Ashoff, G. (2005) *Der entwicklungspolitische Kohärenzanspruch: Begründung, Anerkennung und Wege zu seiner Umsetzung,* Studies 6 (Bonn: Deutsches Institut für Entwicklungspolitik / German Development Institut (DIE)).

____ (2009) *Institutioneller Reformbedarf in der bilateralen staatlichen deutschen Entwicklungszusammenarbeit*, Analysen und Stellungnahmen 8 (Bonn: Deutsches Institut für Entwicklungspolitik / German Development Institut (DIE)).

____ (2010a) 'Politikkohärenz: Eine zusätzliche Voraussetzung und wesentliche Aufgabe wirksamer Entwicklungspolitik' in J. Faust / S. Neubert (eds) *Wirksamere Entwicklungspolitik: Befunde, Reformen, Instrumente* (Baden-Baden: Nomos), 346–377.

____ (2010b) 'Wirksamkeit als Legitimationsproblem und komplexe Herausforderung der Entwicklungspolitik' in J. Faust / S. Neubert (eds) *Wirksamere Entwicklungspolitik: Befunde, Reformen, Instrumente* (Baden-Baden: Nomos), 27–68.

Auswärtiges Amt / Bundesministerium der Verteidigung / Bundesministerium für wirtschaftliche Zusammenarbeit und Entwicklung (2012) *Für eine kohärente Politik der Bundesregierung gegenüber fragilen Staaten: Ressortübergreifende Leitlinien* (O.o.).

Banerjee, A. / E. Duflo (2011) *Poor economics: a radical rethinking of the way to fight global poverty* (New York: Public Affairs).

Barder, O. (2011) *Can aid work? Written testimony submitted to the House of Lords* (Washington, DC: Center for Global Development).

Besada, H. / S. Kindornay (eds) (2013) *Multilateral development cooperation in a changing global order* (Basingstoke: Palgrave Macmillan).

Bigsten, A. L. / J. P. Platteau / S. Tengstam (2011) *The aid effectiveness agenda: the benefits of going ahead* (Brussels: EU).

Birdsall, N. (2011) 'The global financial crisis: the beginning of the end of the "development" agenda?' in N. Birdsall / F. Fukuyama (eds) *New ideas on development after the financial crisis* (Baltimore: John Hopkins University Press), 1–26.

Birdsall, N. / H. Kharas (2010) *Quality of official development assistance assessment* (Washington, DC: Brookings Institution and Centre for Global Development).

Birdsall, N. / H. Kharas / R. Perakis (2012) *The quality of official development assistance assessment 2009: is aid quality improving?* (Washington, DC: Brookings Institution and Center for Global Development).

Birdsall, N. / W. D. Savedoff (2010) *Cash on delivery: a new approach to foreign aid* (Washington, DC: Center for Global Development).

BMZ (Bundesministerium für wirtschaftliche Zusammenarbeit und Entwicklung) (2011) *Deutsche Entwicklungspolitik auf einen Blick* (Paderborn / Köln).

____ (ed.) (2012) *Auf Augenhöhe, 50 Jahre Bundesministerium für wirtschaftliche Zusammenarbeit und Entwicklung* (Baden-Baden: Nomos).

____ (2013) *Geber im Vergleich 2012 – Veränderung gegenüber 2011*, http://www.bmz.de/de/ministerium/zahlen_fakten/Geber_im_Vergleich-Veraenderung_2012_gegenueber_2011.pdf, date accessed 02 March 2013.

Boone, P. (1996) 'Politics and the effectiveness of foreign aid', *European Economic Review* 40, 289–329.

Braeutigam, D. (2009) *The dragon's gift: the real story of China in Africa* (Oxford: Oxford University Press).

Braeutigam, D. / S. Knack (2004) 'Foreign aid, institutions, and governance in sub-saharan Africa', *Economic Development and Cultural Change* 52 (2), 255–285.

Brock, L. / N. Deitelhoff (2012) 'Der normative Bezugsrahmen der internationalen Politik: Schutzverantwortung und Friedenspflicht' in B. Schoch et al. (eds) *Friedensgutachten 2012* (Berlin: LIT Verlag), 99–111.

Buchner, B. et al. (2011) *The landscape of climate finance*, CPI Report (Venedig: Climate Policy Initiative).

Burnside, C. / D. Dollar (2000) 'Aid, policies, and growth', *The American Economic Review* 90, 847–868.

Chaturvedi, S. / T. Fues / E. H. Sidiropoulos (eds) (2012) *Development cooperation and emerging powers. New partners or old patterns?* (London / New York: Zed Books).

Chen, S. / M. Ravallion (2012) *An update to the World Bank's estimates of consumption poverty in the developing world*, World Bank Briefing Note (Washington, DC: World Bank).

Clay, E. J. / M. Geddes / L. Natali (2009) *Untying aid: is it working? An evaluation of the implementationof the Paris Declaration and of the 2001 DAC recommendation of untying ODA to the LDCs* (Copenhagen: Danish Institute for International Studies).

Collier, P. (2006a) *Assisting Africa to achieve decisive change* (Oxford: Centre for the Study of African Economies).

____ (2006b) 'Is aid oil? An analysis of whether Africa can absorb more aid', *World Development* 34, 1482–1497.

____ (2008) *The bottom billion. Why the poorest countries are failing and what can be done about it* (Oxford: Oxford University Press).

Daase, C. (2010) 'Wandel der Sicherheitskultur', *Aus Politik und Zeitgeschichte* 50, 9–16.

Davies, P. (2011) 'Toward a new development cooperation dynamic' in North-South Institute (ed.) *Canadian development report 2011: global challenges: multilateral solutions* (Ottawa: The North-South Institute), 79–93.

Debiel, T. / N. Goede (2011) 'Militärinterventionen und Stabilisierungseinsätze: eine kritische Zwischenbilanz' in M. Johannsen et al. (eds) *Friedensgutachten 2011* (Berlin: LIT Verlag), 194–207.

DFID (Department for International Development) (2011) *Multilateral aid review* (London: DFID).

____ (2012) *Annual report and account 2011–2012* (London: DFID).

de Renzio, P. (2006) *Promoting mutual accountability in aid relationships*, Briefing Paper 1 (London: Overseas Development Institute).

Easterly, W. (2002) 'The cartel of good intentions: the problem of bureaucracy in foreign aid', *Journal of Policy Reform* 5 (4), 1–28.

____ (2003) 'Can foreign aid buy growth?', *Journal of Economic Perspectives* 3 (17), 23–48.

____ (2006) *The white man's burden: why the West's efforts to aid the rest have done so much ill and so little good* (Oxford / New York: Oxford University Press, Frankfurt a. M.: Campus).

____ (2008): *Reinventing foreign aid* (Cambridge, MA: The MIT Press).

European Report on Development (ERD) (2013) *Post 2015: global action for an inclusive and sustainable future* (Brussels: Overseas Development Institute (ODI) / Deutsches Institut für Entwicklungspolitik / German Development Institute (DIE) / European Centre for Development Policy Management (ECDPM)).

Faust, J. / S. Leiderer (2008) 'Zur Effektivität und politischen Ökonomie in der Entwicklungszusammenarbeit', *Politische Vierteljahresschrift* 49 (1), 129–152.

____ (2010) 'Die Effektivität der Entwicklungszusammenarbeit: Ergebnisse des ökonometrischen Ländervergleichs' in J. Faust / S. Neubert (eds) *Wirksamere Entwicklungspolitik: Befunde, Reformen, Instrumente* (Baden-Baden: Nomos), 166–188.

Faust, J. / S. Neubert (eds) (2010) *Wirksamere Entwicklungspolitik: Befunde, Reformen, Instrumente* (Baden-Baden: Nomos).

Fues, T. / S. Klingebiel (2007) 'Multilaterale Entwicklungszusammenarbeit: die Rolle der Vereinten Nationen' in H. Volger (eds) *Grundlagen und Strukturen der Vereinten Nationen* (München: Oldenbourg Verlag), 219–241.

Fues, T. (2010) 'Zur Wirksamkeit der Entwicklungszusammenarbeit der Vereinten Nationen' in J. Faust / S. Neubert (eds) *Wirksamere Entwicklungspolitik: Befunde, Reformen, Instrumente* (Baden-Baden: Nomos), 403–430.

Fues, T. / P. Wolff (eds) (2010) *G20 and global development: how can the new summit architecture promote pro-poor growth and sustainability?* (Bonn: Deutsches Institut für Entwicklungspolitik / German Development Institute (DIE)).

Fues, T. / Y. Liu (eds) (2011) *Global governance and building a harmonious world: a comparison of European and Chinese concepts for international affairs,* Studies 62 (Bonn: Deutsches Institut für Entwicklungspolitik / German Development Institute (DIE), in cooperation with China Institute of International Studies (CIIS)).

Furness, M. (2012a) 'The Lisbon treaty, the European external action service and the reshaping of EU development policy' in S. Grimm / D. Makhan / S. Gänzle (eds) *The European Union and global development: an 'enlightened superpower' in the making?* (Basingstoke: Palgrave Macmillan), 74–93.

____ (2012b) 'African-European relations' in A. Mehler / H. Melber / K. van Walraven (eds) *Africa yearbook: politics, economy and society south of the Sahara in 2011* (Leiden: Brill), 29–43.

Furness, M. / I. Scholz / A. Guarín (2012) *History repeats? The rise of the new middle classes in the developing world*, Briefing Paper 19 (Bonn: Deutsches Institut für Entwicklungspolitik / German Development Institute (DIE)).

Gänzle, S. / B. Franke (2010) 'Afrikanische Friedens- und Sicherheitsarchitektur: Institutionalisierte Zusammenarbeit in und für Afrika', *Aus Politik und Zeitgeschichte* 50, 31–37.

Gänzle, S. / S. Grimm / D. Makhan (eds) (2012) *The European Union and global development: an 'enlightened superpower' in the making?* (Basingstoke: Palgrave Macmillan).

Gibson, C. C. et al. (2005) *The Samaritan's dilemma: the political economy of development aid* (Oxford: Oxford University Press).

Grävingholt, J. / C. Hofmann / S. Klingebiel (2007) *Development cooperation and non-state armed groups*, Studies 29 (Bonn: Deutsches Institut für Entwicklungspolitik / German Development Institute (DIE)).

Grävingholt, J. / J. Leininger / O. Schlumberger (2009) 'Demokratieförderung: Quo Vadis?', *Aus Politik und Zeitgeschichte* 8, 28–33.

Grävingholt, J. / J. Leininger / C. von Haldenwang (2012) *Effective statebuilding? A review of evaluations of international statebuilding support in fragile contexts*, Evaluation Study 3 (Copenhagen: Ministry of Foreign Affairs of Denmark (DANIDA)).

Greig, A. / D. Hulme / M. Turner (2007) *Challenging global inequality: development theory and practice in the 21st century* (New York: Palgrave).

Grimm, S. (2010) 'Zur Wirksamkeit der europäischen Entwicklungspolitik' in J. Faust / S. Neubert (eds) (2010) *Wirksamere Entwicklungspolitik: Befunde, Reformen, Instrumente* (Baden-Baden: Nomos), 381–402.

Grimm, S. / C. Hackenesch (2012) 'European engagement with emerging actors in development: forging new partnerships?' in S. Gänzle / S. Grimm / D. Makhan (eds) *The European Union and global development: an 'enlightened superpower' in the making?* (Basingstoke: Palgrave Macmillan), 211–228.

Grimm, S. / D. Makhan / S. Gänzle (eds) (2012) *The European Union and global development: an 'enlightened superpower' in the making?* (Basingstoke: Palgrave Macmillan).

Grittner, A. M. (2013) *Results-based financing: evidence from performance-based financing in the health sector*, Discussion Paper 06 (Bonn: German Development Institute / Deutsches Institut für Entwicklungspolitik (DIE)).

Hackenesch, C. (2009) *China and the EU's engagement in Africa: setting the stage for cooperation, competition or conflict?*, Discussion Paper 16 (Bonn: Deutsches Institut für Entwicklungspolitik / German Development Institute (DIE)).

Harris, D. / M. Moore / H. Schmitz (2009) *Country classifications for a changing world*, Discussion Paper 9 (Bonn: Deutsches Institut für Entwicklungspolitik / German Development Institut (DIE)).

Haslam, P. A. / J. Schafer / P. Beaudet (2012) *Introduction to international development: approaches, actors, and issues*, 2nd edition (Ontario: Oxford University Press).

Heller, P. S. (2011) *Rethinking the world of aid in the twenty first century* (Helsinki: UNU-WIDER).

Hoeffler, A. (2012) *Growth, aid and policies in countries recovering from war: a thematic paper supporting OECD DAC INCAF project 'Global Factors Influencing the Risk of Conflict and Fragility'* (Paris: OECD).

Ihne, H. / J. H. Wilhelm (eds) (2006) *Einführung in die Entwicklungspolitik* (Münster: LIT Verlag).

Ihne, H. / J. H. Wilhelm (2006) 'Grundlagen der Entwicklungspolitik' in H. Ihne / J. H. Wilhelm (eds) *Einführung in die Entwicklungspolitik* (Münster: LIT Verlag), 1–40.

IMF (International Monetary Fund) (2012) *Sub-Saharan Africa: maintaining growth in an uncertain world,* Regional Economic Outlook (Washington, DC: IMF).

Janus, H. (2012) *External support to national development efforts, literature* review (draft) (Bonn: Deutsches Institut für Entwicklungspolitik / German Development Institut (DIE)).

Janus, H. / S. Klingebiel (2012) *Die Post-2015 Entwicklungsagenda: Erster Spatenstich für eine neue globale Entwicklungsagenda*, Kolumne vom 10.09.2012 (Bonn: Deutsches Institut für Entwicklungspolitik / German Development Institut (DIE)).

Jerven, M. (2013) *Poor numbers: how we are misled by african development statistics and what to do about it* (Ithaca / London: Cornell University Press).

Karns, M. P. / K. A. Mingst (2010) *International organizations: the politics and processes of global governance* (Boulder / London: Lynne Rienner Publishers).

Kaul, I. (2010) 'Souveränität wiedergewinnen: Suche nach den Grundelementen eines neuen Multilateralismus', *Aus Politik und Zeitgeschichte* 34–35, 34–40.

____ (2013) *Global Public Goods: a concept for framing the post-2015 agenda?*, Discussion Paper 2 (Bonn: Deutsches Institut für Entwicklungspolitik / German Development Institut (DIE)).

Kaul, I. et al. (2003) *Providing global public goods: managing globalization* (New York / Oxford: Oxford University Press).

Keely, B. (2012) *From aid to development: the global fight against poverty, OECD Insights*, OECD Publishing; http://www.oecd-ilibrary.org/docserver/download/0111101e.pdf?expires=1368693106&id=id&accname=guest&checksum=91DC6512D1C710B3C8A3792177DCD28D, date accessed 07 January 2013.

Keohane, R. O. / S. Macedo / A. Moravcsik (2009) 'Democracy-enhancing multilateralism', *International Organizations* 63, Winter 2009, 1–31.

Kharas, H. (2012) *Global partnership for effective development cooperation* (Washington, DC: The Brookings Institution). (Policy Paper 2012–04)

Kharas, H. / K. Makino / W. Jung (2011) 'Overview: an agenda for the Busan high-level forum on aid effectiveness' in H. Kharas / K. Makino / W. Jung (eds) *Catalyzing development: a new vision for aid* (Washington, DC: Brookings Institution Press), 1–37.

Klingebiel, S. (1993) 'Multilaterale Entwicklungspolitik', *Aus Politik und Zeitgeschichte, Beilage zur Wochenzeitung Das Parlament*, Nr. B 12–13, 19. März 1993.

____ (2003) *Der internationale Diskussionsstand über Programmorientierung: Schlussfolgerungen für die internationale und deutsche Entwicklungszusammenarbeit*, Berichte und Gutachten 5 (Bonn: Deutsches Institut für Entwicklungspolitik / German Development Institut (DIE)).

____ (2005) *How much aid is good for Africa – a big push as a way out of the "poverty trap"?*,Briefing Paper 4 (Bonn: Deutsches Institut für Entwicklungspolitik / German Development Institut (DIE)).

____ (2006a) *Mehr Geld – mehr Wirkung? Neue Risiken durch vermehrte Entwicklungshilfe*, Focus Nr. 11 (Hamburg: GIGA (German Institut of Global and Area Studies)).

____ (2006b) 'Converging the role of development policy and security policy? New approaches in Africa' in Klingebiel (eds) *New interfaces between security and development: changing concepts and approaches*, Study 13 (Bonn: Deutsches Institut für Entwicklungspolitik / German Development Institut (DIE)), 127–145.

____ (2010) 'Wirksamkeit und Absorptionsfähigkeit der Partnerländer' in J. Faust / S. Neubert (eds) (2010) *Wirksamere Entwicklungspolitik: Befunde, Reformen, Instrumente* (Baden-Baden: Nomos), 289–304

____ (2011a) *Ergebnisbasierte Entwicklungszusammenarbeit: Grenzen neuer Ansätze*, Analysen und Stellungnahmen 15 (Bonn: Deutsches Institut für Entwicklungspolitik / German Development Institut (DIE)).

____ (2011b) *Stellungnahme zum Thema "Budgethilfen"*, Schriftliche Stellungnahme im Rahmen der öffentlichen Anhörung des Deutschen Bundestages (Kigali: Ausschuss für wirtschaftliche Zusammenarbeit und Entwicklung).

____ (2012a) *Stellungnahme zur Öffentlichen Anhörung des Ausschusses für wirtschaftliche Zusammenarbeit und Entwicklung zum Thema "Bilaterale und multilaterale Entwicklungszusammenarbeit"* (Bonn: Deutsches Institut für Entwicklungspolitik / German Development Institut (DIE)).

____ (2012b) *Entwicklungszusammenarbeit: Auslaufmodell oder Entwicklungsmotor für Subsahara-Afrika?*, Analysen und Stellungnahmen 3 (Bonn: Deutsches Institut für Entwicklungspolitik / German Development Institut (DIE)).

____ (2012c) *Results-Based Aid (RBA): new aid approaches, limitations and the application to promote good governance*, Discussion Paper 14 (Bonn: Deutsches Institut für Entwicklungspolitik / German Development Institut (DIE)).

Klingebiel, S. (ed.) (2006) *New interfaces between security and development: changing concepts and approaches*, Study 13 (Bonn: Deutsches Institut für Entwicklungspolitik / German Development Institut (DIE)).

Klingebiel, S. / S. Leiderer (2011) *Aid effectiveness der zwei Geschwindigkeiten*, Kolumne vom 05.12.2011 (Bonn: Deutsches Institut für Entwicklungspolitik / German Development Institut (DIE)).

Klingebiel, S. / S. Leiderer / P. Schmidt (2007) *Wie wirksam sind neue Modalitäten der Entwicklungszusammenarbeit? Erste Erfahrungen mit Programme-Based Approaches (PBA)*, Discussion Paper 7 (Bonn: Deutsches Institut für Entwicklungspolitik / German Development Institut (DIE)).

:Klingebiel, S. / K. Roehder (2008) 'Interfaces between development and security: converging the role of development policy and security policy?' in H. G. Brauch et al. (eds) *Globalisation and environmental challenges: reconceptualising security in the 21st century* (Berlin [u.a.]: Springer), 743–752.

Klingebiel, S. et al. (2008) *Donor contributions to strengthening the African peace and security architecture*, Studies 38 (Bonn: Deutsches Institut für Entwicklungspolitik / German Development Institut (DIE)).

Klingebiel, S. / T. Mahn (2011) *Die Reform der öffentlichen Finanzsysteme in Entwicklungsländern als Beitrag zur Verbesserung der Regierungsführung*, Analysen und Stellungnahmen 5/2011(Bonn: Deutsches Institut für Entwicklungspolitik / German Development Institut (DIE)).

Klingebiel, S. / T. C. Mahn (2013) 'Strenghtening the accountability of local governance: how to bridge the gap between decentralisation and public finance management', The Broker, http://www.thebrokeronline.eu/Articles/Strenghtening-the-accountability-of-local-governance, date accessed 29 March 2013.

Koch, S. (2012) *From poverty reduction to mutual interests? The debate on differentiation in EU development policy*, Discussion Paper 13 (Bonn: Deutsches Institut für Entwicklungspolitik / German Development Institut (DIE)).

Leiderer, S. (2012a) *Fungibility and the choice of aid modalities: the red herring revisited* (Helsinki: UNU-Wider).

____ (2012b): 'Wirksamere Entwicklungszusammenarbeit durch Budgethilfe? Theorie und Praxis eines umstrittenen Instruments' in R. Öhlschläger / H. Sangmeister (eds) *Neue Formen und Instrumente der Entwicklungszusammenarbeit* (Baden-Baden: Nomos), 97–110.

Liebig, K. / G. Ressel / U. Rondorf (2008) *Dutch disease: Ökonomische Prozesse und Implikationen für die Entwicklungszusammenarbeit*, Discussion Paper 21 (Bonn: Deutsches Institut für Entwicklungspolitik / German Development Institut (DIE)).

Loewe, M. (2012) *Nach 2015: wie lassen sich die Millennium Development Goals mit den in Rio beschlossenen Sustainable Development Goals verbinden?*, Analysen und Stellungnahmen 14 (Bonn: Deutsches Institut für Entwicklungspolitik / German Development Institut (DIE)).

Loewe, M. / N. Ripping (2012) *Globale Armutsstrukturen im Wandel*, Analysen und Stellungnahmen 7 (Bonn: Deutsches Institut für Entwicklungspolitik / German Development Institut (DIE)).

Lundsgaarde, E. (2010) *Emerging non-state actors in global development: challenges for Europe* (Bonn: EADI).

____ (2013) *Complementarity in development: bringing private foundations on board*, Briefing Paper 10 (Bonn: Deutsches Institut für Entwicklungspolitik / German Development Institut (DIE)).

Lundsgaarde, E. (ed.) (2012) *Africa toward 2030, challenges for development policy* (Basingstoke: Palgrave Macmillan).

Lundsgaarde, E. / M. Roch (2012) 'Mapping development trends in Africa' in Lundsgaarde (ed.) (2012) *Africa toward 2030: challenges for development policy* (Basingstoke: Palgrave Macmillan), 36–62.

Mahn, T. (2012) *The financing of development cooperation at the United Nations: why more means less*, Briefing Paper 8 (Bonn: Deutsches

Institut für Entwicklungspolitik / German Development Institut (DIE)).
Manning, R. (2012) *Aid as a Second-Best Solution: Seven Problems of Effectiveness and How to Tackle Them*, Working Paper No 2012/24, Helsinki: UNU-Wider.
Mallet, R. / A. Sumner (2013) *The future of foreign aid: development cooperation and the new geography of global poverty* (Basingstoke: Palgrave Macmillan).
Maxwell, S. / D. Messner (2011) 'Fokus auf globale Entwicklung', *E+Z Entwicklung und Zusammenarbeit* 52 (10), 379–381.
McGillivray, M. et al. (2006) 'Controversies over the impact of development aid: it works; it doesn't; it can, but that depends', *Journal of International Development* 18, 1031–1050.
MDG Monitor (s.a.) *Tracking the Millennium Development Goals: browse by goal, an initiative of the United Nations*; http://www.mdgmonitor.org/browse_goal.cfm, date accessed 18 April 2013.
Menzel, U. (1992) *Das Ende der Dritten Welt und das Scheitern der großen Theorie* (Frankfurt am Main: Suhrkamp).
Messner, D. / F. Nuscheler (2003) *Das Konzept Global Governance. Stand und Perspektiven*, INEF-Report 67 (Duisburg: Institut für Entwicklung und Frieden (INEF) der Universität Duisburg-Essen).
Messner, D. / I. Scholz (eds) (2005) *Zukunftsfragen der Entwicklungspolitik* (Baden-Baden: Nomos).
Messner, D. / R. Kaplinksy (eds) (2008) 'The impact of Asian drivers on the developing world', *World Development* 36 (2), 197–209.
Messner, D. / J. Faust (2012) 'Probleme globaler Entwicklung und die ministerielle Organisation der Entwicklungspolitik', *Zeitschrift für Außen- und Sicherheitspolitik* 2 (5), 165–176.
Milner, H. V. / D. Tingley (2012) 'The choice of multilateralism: foreign aid and American foreign policy', *The Review of International Organizations* 6 (3–4), 313–341.
Moss, T. et al. (2006) *An aid-institutions paradox? A review essay on aid dependency and state building in sub-Saharan Africa*, Working Paper No. 74 (Washington, DC: Center for Global Development).
Moss, T. / G. Pettersson / N. van de Walle (2008) 'An aid-institutions paradox? A review essay on aid dependency and state building in sub-Saharan Africa' in W. Easterly (ed.) *Reinventing foreign aid* (Cambridge, MA: The MIT Press), 255–281.

Moyo, D. (2009) *Dead aid: why aid is not working and how there is another way for Africa* (London: Allan Lane).

Nohlen, D. / F. Nuscheler (1982) 'Was heißt Entwicklung?' in D. Nohlen / F. Nuscheler (eds) *Handbuch der Dritten Welt. Unterentwicklung und Entwicklung: Theorien, Strategien, Indikatoren,* Band 1 (Hamburg: Hoffmann und Campe), 11–24.

North-South Institute (eds) (2011) *Canadian development report 2011: global challenges: multilateral solutions* (Ottawa: The North-South Institute).

Nuscheler, F. (2006) *Entwicklungspolitik* (Bonn: Bundeszentrale für politische Bildung).

ODI (Overseas Development Institute), DIE (Deutsches Institut für Entwicklungspolitik), FRIDE (Fundación para las Relaciones Internacionales y el Diálogo Exterior) / ECDPM (European Centre for Development Policy Management) (eds) (2010) *New challenges, new beginnings: next steps in European development cooperation* (London: European Think-Tanks Group).

OECD (Organisation for Economic Co-operation and Development) (2010) *Perspectives on global development 2010: shifting wealth* (Paris: OECD).

____ (2011a) *Perspectives on global development 2012: social cohesion in a shifting world* (Paris: OECD).

____ (2011b) *Aid effectiveness 2005–10: progress in implementing the Paris Declaration* (OECD Publishing).

____ (s.a.) *DAC lists of ODA recipients: effective for reporting on 2012 and 2013 flows,* http://www.oecd.org/dac/stats/DAC%20List%20used%20for%202012%20and%202013%20flows.pdf, date accessed 05 April 2013.

OECD (Organisation for Economic Co-operation and Development)/ DAC (Development Assistance Committee) (2010a) *Deutschland: peer review 2010* (Paris: OECD).

____ (2010b) *Development cooperation report 2010* (Paris: OECD).

____ (2011a) *DAC report on multilateral aid* (Paris: OECD).

____ (2011b) *Development cooperation report 2011: 50th anniversary edition* (Paris: OECD).

____ (2011c) *2011 OECD report on division of labour: addressing cross-country fragmentation of aid* (Paris: OECD).

____ (2012a) *Development cooperation report 2012* (Paris: OECD).

____ (2012b) *The architecture of development assistance*, OECD Publishing http://www.oecd-ilibrary.org/development/the-architecture-of-development-assistance-2012_9789264178885-en, date accessed 11 December 2012.

____ (2012c) *Fragile States 2013: resource flows and trends in a shifting world*, DAC International Network on Conflict and Fragility (Paris: OECD).

____ (2013a) *2012 DAC report on multilateral aid*, draft: 07 February 2013 (Paris: OECD).

____ (2013b) *Country Programmable Aid: DAC countries*, http://webnet.oecd.org/dcdgraphs/CPA_donor/, date accessed 14 March 2013.

____ (2013c) *Getting closer to the core: measuring country programmable aid*, http://www.oecd.org/dac/stats/gettingclosertothecore-measuringcountryprogrammableaid.htm, date accessed 13 March 2013.

Öhlschläger, R. / H. Sangmeister (eds) (2012) *Neue Formen und Instrumente der Entwicklungszusammenarbeit* (Baden-Baden: Nomos).

Orbie, J. (2012) 'The EU's role in development: a full-fledged development actor or eclipsed by superpower temptations?' in S. Gänzle / S. Grimm / D. Makhan (eds) *The European Union and global development: an 'enlightened superpower' in the making?* (Basingstoke: Palgrave Macmillan), 17–13.

Ostrom, E. et al. (2002) 'Aid, incentives, and sustainability: an institutional analysis of development cooperation', *Sida Studies in Evaluation* (Stockholm: SIDA (Swedish International Development Authority)).

Ottaway, M. (2007) 'Entwicklungszusammenarbeit in fragile Staaten' in Bundesministerium für wirtschaftliche Zusammenarbeit und Entwicklung (eds) (2007) *Fragile Staaten: Beispiele aus der entwicklungspolitischen Praxis* (Baden-Baden: Nomos), 11–20.

Parliament UK (2012) *EU Aid instruments and organizations*, http://www.publications.parliament.uk/pa/cm201012/cmselect/cmintdev/1680/168005.htm, date accessed 13 March 2013.

Paulo, S. / H. Reisen (2011) 'China, Indien, Afrika: den Entwicklungsdialog neu definieren' in J. M. Nebe (eds) *Herausforderung Afrika: Gesellschaft und Raum im Wandel* (Baden-Baden: Nomos Verl.-Ges.), 411–418.

Pereira J. / C. Villota (2012) *Hitting the target? Evaluating the effectiveness of results-based approaches to aid* (Brussels: Eurodad).

Picciotto, R. (2011) 'Multilateral development cooperation and the Paris process: the road to Busan' in North-South Institute (eds) *Canadian Development Report 2011: global challenges: multilateral solutions* (Ottawa), 55–76.

Radelet, S. (2006) *A primer on foreign aid*, Working Paper 92 (Washington, DC: Center for Global Development).

____ (2010) *Emerging Africa: how 17 countries are leading the way* (Washington, DC: Center for Global Development).

Rauch, T. (2009) *Entwicklungspolitik* (Braunschweig: Westermann).

Reisen, H. (2009) 'The multilateral donor non-system: towards accountability and efficient role assignment', *Economics*, The Open-Access, Open-Assessment E-Journal (2009–2018), Special Issue Global Governance – Challenges and Proposals for Reform.

Rietjens, S. / M. Bollen (eds) (2008) *Managing civil-military cooperation: a 24/7 joint effort for stability* (Aldershot / Burlington: Ashgate).

Rodrik, D. (2011) *The globalization paradox: democracy and the future of the world economy* (New York: W. W. Norton & Company).

Rodrik, D. / M. R. Rosenzweig (2010) *Handbook of development economics* (Amsterdam i.a.: Elsevier).

Rogerson, A. (2011) *What if development aid were truly 'catalytic'?* Background note (London: Overseas Development Institute).

Sachs, J. (2005) *The end of poverty. How we can make it happen in our lifetime* (London: Penguin).

Sangmeister, H. / A. Schönstedt (2010) *Entwicklungszusammenarbeit im 21. Jahrhundert* (Baden-Baden: Nomos).

Schellnhuber, H. J. / D. Messner et al. (2011) *World in transition: a social contract for sustainability*, Flagship Report (Berlin: German Advisory Council on Global Change (WBGU)).

Scholz, I. (2010) 'Wandel durch Klimawandel? Wachstum und ökologische Grenzen in Brasilien', *Aus Parlament und Zeitgeschichte* 12, 22–28.

Severino, J.-M. / O. Ray (2009) *The end of ODA: death and rebirth of a global public policy* (Washington, DC: Center for Global Development).

____ (2010): *The end of ODA (II): the birth of hypercollective action*, Working Paper (Washington, DC: Center for Global Development).

Shaohua, C. / M. Ravallion (2012) *The landscape of climate finance. A CPI report* (Washington, DC: World Bank).

Spence, M. (2011) *The next convergence: the future of economic growth in a multispeed world* (New York: Farrar, Straus and Giroux).

Stamm, A. (2004) *Schwellen- und Ankerländer als Akteure einer globalen Partnerschaft, Überlegungen zu einer Positionsbestimmung aus deutscher entwicklungspolitischer Sicht*, Discussion Paper 1 (Bonn: Deutsches Institut für Entwicklungspolitik / German Development Institute (DIE)).

Stockmann, R. / U. Menzel / F. Nuscheler (2010) *Entwicklungspolitik. Theorien, Probleme, Strategien* (München: Oldenbourg).

Sumner, A. (2010) *Global poverty and the new bottom billion: what if three-quarters of the world's poor live in middle-income countries?*, Working Paper (Sussex: Institute for Development Studies).

____ (2012): 'Where do the poor live?', *World Development* 40 (5), 865–877.

Temple, J. (2010) 'Aid and conditionality' in D. Rodrik / M. R. Rosenzweig (eds) (2010) *Handbook of development economics* (Amsterdam i.a.: Elsevier), 4415–4523.

____ (2012) 'Where do the poor live?', *World Development* 40, 865–877.

UN (United Nations) (2011a) *Millenniums-Entwicklungsziele, Bericht 2011* (New York: UN).

____ (2011b) *Programme of action for the least developed countries for the decade 2011–2020* (New York: UN).

UNCTAD (United Nations Conference on Trade and Development) (2011) *The least developed countries report 2011: the potential role of south-south cooperation for inclusive and sustainable development* (New York / Genf: UNCTAD).

UNDESA (Department of Economic and Social Affairs) (2010) *International Development Cooperation Report: Development cooperation for the MDGs: maximising results*, UN Document. ST/ESA/326 (New York: UN).

Vollmer, F. (2012) *Increasing the visibility and effectiveness of development cooperation: how to reconcile two competing objectives?*, Study 67 (Bonn: Deutsches Institut für Entwicklungspolitik / German Development Institut (DIE)).

Volz, U. (2012) *The need and scope for strengthening co-operation between regional financing arrangements and the IMF*, Discussion Paper 15 (Bonn: Deutsches Institut für Entwicklungspolitik / German Development Institut (DIE)).

Walz, J. / V. Ramachandran (2011) *Brave new world, a literature review of emerging donors and the changing nature of foreign assistance* (Washington, DC: Center for Global Development).

WBGU (Wissenschaftlicher Beirat der Bundesregierung Globale Umweltveränderungen) (2011) *Welt im Wandel: Gesellschaftsvertrag für eine Große Transformation* (Berlin: WBGU).

Weinlich, S. (2010) *Die Reform der Entwicklungszusammenarbeit der Vereinten Nationen*, Studies 55 (Bonn: Deutsches Institut für Entwicklungspolitik / German Development Institut (DIE)).

____ (2012) 'Die Entwicklungszusammenarbeit der Vereinten Nationen: Reformbedarf und aktuelle Reformansätze' in R. Öhlschläger / H. Sangmeister (eds) *Neue Formen der Entwicklungszusammenarbeit* (Baden-Baden: Nomos), 157–170.

Weinlich, S. / S. Grimm (2009) *Die Entwicklungszusammenarbeit der EU und der UN: Wofür sollte sich Deutschland einsetzen?, Analysen und Stellungnahmen*, 13 (Bonn: Deutsches Institut für Entwicklungspolitik / German Development Institut (DIE)).

Wolff, J. H. (2005) *Entwicklungshilfe: Ein hilfreiches Gewerbe?* (Berlin: LIT Verlag).

Wolff, P. (2011) 'Auswirkungen der Finanzkrise auf die Entwicklungsländer: Handlungsoptionen für die Entwicklungspolitik' in G. Meyer / A. Thimm (eds) *Wirtschaftliche und soziale Folgen der Finanzkrise für die Entwicklungsländer*, Veröffentlichungen des interdisziplinären Arbeitskreises Dritte Welt 21 (Mainz: Johannes Gutenberg Univ.), 9–18.

Wood, B. et al. (2011) *The evaluation of the Paris Declaration, Phase 2, Final Report* (Aarhus: Danish Institute for International Studies).

World Bank (2005) *Remittances: development impact and future prospects* (Washington, DC: World Bank).

____ (2011a) *World development report 2011: conflict, security, and development* (Washington, DC: World Bank).

____ (2011b) *Finance and opportunities in a changing landscape*, CFP Working Paper No. 8. (Washington, DC.).

World Bank / IFC (International Finance Cooperation) (2012) *Doing business 2013* (Washington, DC: World Bank / IFC).

Zimmermann, F. / K. Smith (2011) 'More actors, more money, more ideas for international development co-operation', *Journal of International Development* 23, 722–738.

网页链接

Platform 'New Deal Building Peaceful States' (English) http://www.newdeal4peace.org/

Für eine kohärente Politik der Bundesregierung gegenüber fragilen Staaten – Ressortübergreifende Leitlinien (German) http://www.auswaertiges-amt.de/cae/servlet/contentblob/626516/publicationFile/171903/120919_Leitlinien_Fragile_Staaten.pdf

OECD-Directorate for development cooperation (DCD-DAC) (English) http://www.oecd.org/dac

VN Millennium Development Goals (German) http://www.unric.org/html/german/mdg/index.html

World Bank (English) http://www.worldbank.org

Deutsches Institut für Entwicklungspolitik / German Development Institute (German / English) http://www.die-gdi.de

Friedensgutachten / Peace report (German / English) http://www.friedensgutachten.de/index.php/id-2012.html

图书在版编目(CIP)数据

发展合作:援助新体系的挑战/(德)斯特凡·克
林格比尔(Stephan Klingebiel)著;白云真译.—上
海:上海人民出版社,2019
(中国与全球政治经济丛书)
书名原文:Development Cooperation: Challenges of the New Aid Architecture
ISBN 978-7-208-15725-5

Ⅰ.①发… Ⅱ.①斯… ②白… Ⅲ.①国际合作-研
究 Ⅳ.①D812

中国版本图书馆 CIP 数据核字(2019)第 028905 号

责任编辑 史桢菁
封面设计 零创意文化

中国与全球政治经济丛书
发展合作:援助新体系的挑战
[德]斯特凡·克林格比尔 著
白云真 译

出　版	上海人民出版社 (200001 上海福建中路 193 号)
发　行	上海人民出版社发行中心
印　刷	上海商务联西印刷有限公司
开　本	635×965 1/16
印　张	10.5
插　页	4
字　数	143,000
版　次	2019 年 3 月第 1 版
印　次	2019 年 3 月第 1 次印刷

ISBN 978-7-208-15725-5/D·3380
定　价 40.00 元

DEVELOPMENT COOPERATION: CHALLENGES OF THE NEW AID ARCHITECTURE

By Stephan Klingebiel

Copyright © 2014 by Palgrave Macmillan

Chinese (Simplified Characters only) Trade Paperback

Copyright © 2019 by Shanghai People's Publishing House

ALL RIGHTS RESERVED

First Published in English by Palgrave Macmillan, a division of Macmillan Publishers Limited under the title Development Cooperation by Stephan Klingebiel. This edition has been translated and published under licence from Palgrave Macmillan. The author has asserted his right to be identified as the author of this Work.

中国与全球政治经济丛书

发展合作:援助新体系的挑战	[德]斯特凡·克林格比尔 著 白云真 译	40.00 元
美元与国家安全:硬权力的货币维度	[美]保罗·维奥蒂 著 白云真 宋亦明 译	45.00 元
金融危机后的美国权力	[美]乔纳森·科什纳 著 江 涛 白云真 译	42.00 元
全球金融中的中国	[德]桑德拉·希普 著 辛 平 罗文静 译	32.00 元